LES GRANDS HOMMES DE FRANCE

PIERRE CURIE

PAR

Mme CURIE

PAYOT, PARIS

1924

LES GRANDS HOMMES DE FRANCE

COLLECTION DIRIGÉE PAR PAUL GAULTIER

PIERRE CURIE

PAR

Mme CURIE

PAYOT, PARIS
106, Boulevard Saint-Germain

1924
Tous droits réservés.

On peut concevoir que dans des mains criminelles le radium puisse devenir très dangereux, et ici on peut se demander si l'humanité a avantage à connaître les secrets de la nature, si elle est mûre pour en profiter ou si cette connaissance ne lui sera pas nuisible. L'exemple des découvertes de Nobel est caractéristique, les explosifs puissants ont permis aux hommes de faire des travaux admirables. Ils sont aussi un moyen terrible de destruction entre les mains des grands criminels qui entraînent les peuples vers la guerre. Je suis de ceux qui pensent avec Nobel que l'humanité tirera plus de bien que de mal des découvertes nouvelles.

PIERRE CURIE *(Conférence Nobel 1903).*

Ce n'est pas sans hésitation que j'ai accepté d'écrire la biographie de Pierre Curie. J'aurais préféré confier cette tâche à quelque parent ou ami d'enfance, qui eût connu de près son existence, aussi bien dans ses plus jeunes années que par la suite. Jacques Curie, frère et compagnon de jeunesse de Pierre, lié à lui par la plus tendre affection, ne crut pas pouvoir assumer cette tâche, ayant vécu loin de Pierre depuis sa nomination à l'Université de Montpellier ; il insista donc pour que j'écrive la biographie, pensant que nul ne pouvait mieux que moi connaître et comprendre la vie de son frère. Il m'a communiqué tous les souvenirs personnels qu'il a pu réunir. A cette contribution importante, que j'ai utilisée intégralement, j'ai joint des détails qui m'ont été racontés par mon mari et par quelques amis de celui-ci. J'ai ainsi reconstitué de mon mieux la partie de son existence qui ne m'est pas directement connue. J'ai, d'autre part, essayé de traduire fidèlement la profonde impression que j'ai eue de sa personnalité pendant les années de notre existence commune.

Ce récit n'est certes ni complet, ni parfait. J'espère cependant que l'image qu'il donne de Pierre Curie n'est point déformée et qu'elle aidera à conserver sa mémoire. Je souhaite aussi qu'elle évoque, pour ceux qui l'ont connu, les raisons pour lesquelles ils l'ont aimé.

Mme CURIE.

PIERRE CURIE

CHAPITRE PREMIER

LA FAMILLE CURIE. — ENFANCE ET PRE-MIÈRES ÉTUDES DE PIERRE CURIE.

Les parents de Pierre Curie étaient instruits et intelligents. Ils faisaient partie de la petite bourgeoisie peu fortunée et ne fréquentaient pas la société mondaine ; ils avaient uniquement des relations familiales, et un petit nombre d'amis intimes.

Le père de Pierre, Eugène Curie, était médecin et fils de médecin ; il ne se connaissait guère de parents de son nom et savait peu de chose sur la famille Curie, qui était originaire d'Alsace et protestante[1]. Bien que son père fût établi à Londres, Eugène Curie avait été élevé à Paris où il fit ses études de sciences naturelles et de médecine, et travailla comme préparateur dans les laboratoires du Muséum, auprès de Gratiolet.

Le docteur Eugène Curie avait une personnalité remarquable, qui ne manquait pas de frapper ceux qui l'approchaient. C'était un homme de grande taille qui avait dû être blond dans sa jeunesse ; il avait de

[1] Eugène Curie était né à Mulhouse en 1827.

beaux yeux bleus dont la fraîcheur et l'éclat étaient
demeurés intacts dans une vieillesse avancée ; ces
yeux qui avaient gardé une expression d'enfant,
reflétaient à la fois la bonté et l'intelligence. Il avait
en effet, des capacités intellectuelles peu ordinaires,
un goût très vif pour les sciences naturelles et un
tempérament de savant.

Ayant souhaité consacrer sa vie au travail scientifique, il dut renoncer à ce projet en raison de charges
de famille que lui imposèrent son mariage et plus
tard la naissance de deux fils. Ainsi les nécessités
de la vie l'obligèrent à exercer la profession médicale ;
il continua cependant quelques recherches expérimentales avec des moyens de fortune, en particulier
sur l'inoculation de la tuberculose, à l'époque où la
nature bactérienne de cette maladie n'était pas
encore établie. Jusqu'à la fin de sa vie, il conserva
le culte de la science, et sans doute aussi le regret
de n'avoir pu s'y consacrer uniquement. Les préoccupations scientifiques du docteur Curie lui avaient
donné l'habitude d'excursions, à la recherche de
plantes et d'animaux nécessaires à ses expériences ;
son amour de la nature entretenait d'ailleurs chez
lui une préférence marquée pour la vie à la campagne.

Sa carrière de médecin resta toujours modeste ;
mais il y manifesta des qualités remarquables de
dévouement et de désintéressement. Lors de la
Révolution de 1848, alors qu'il était encore étudiant,
le Gouvernement de la République lui décerna une
médaille d'honneur : « pour son honorable et
courageuse conduite » au service des blessés. Il avait
été lui-même atteint, dans la journée du 24 février.

d'une balle qui lui brisa une partie de la mâchoire.
Un peu plus tard, pendant une épidémie de choléra,
il s'installa, pour soigner les malades, dans un
quartier de Paris déserté par les médecins. Pendant
la Commune, il établit une ambulance dans son
appartement (rue de la Visitation), au voisinage
duquel se trouvait une barricade, et il y soigna les
blessés ; cet acte de civisme et ses convictions avancées
lui valurent l'abandon d'une partie de sa clientèle
bourgeoise. Il accepta alors une situation de médecin
inspecteur du service de protection des enfants en
bas âge ; ces fonctions lui permettaient de vivre dans
la banlieue de Paris où les conditions de santé pour
lui et pour sa famille étaient meilleures qu'en ville.

Le docteur Curie avait des convictions politiques
très fermes. Idéaliste par tempérament, il s'était
épris avec ardeur de la doctrine républicaine telle
qu'elle inspirait les révolutionnaires de 1848. Il
était lié d'amitié avec Henri Brisson et les hommes
de son groupe ; comme eux libre-penseur et anti-
clérical, il ne fit point baptiser ses fils et ne les fit
participer à aucune espèce de culte.

La mère de Pierre Curie, Claire Depoully, était
fille d'un industriel établi à Puteaux ; son père et
ses frères se sont distingués dans l'industrie par de
nombreuses inventions. La famille était originaire
de Savoie ; elle fut ruinée par suite du bouleverse-
ment apporté dans les affaires par la Révolution
de 1848. Ces revers de fortune, joints à ceux qu'é-
prouva le docteur Curie dans sa carrière, firent que
lui et les siens vécurent toujours en réalité dans
une gêne relative, avec des difficultés d'existence

fréquemment renouvelées. Quoique élevée pour une existence aisée, la mère de Pierre Curie accepta avec un courage tranquille les conditions de vie précaires qui s'offraient à elle, et fit preuve d'un dévouement extrême pour faciliter la vie de son mari et de ses enfants.

Si dönc le milieu familial où grandirent Jacques et Pierre Curie était modeste et non exempt de soucis, il y régnait néanmoins une atmosphère de douceur et d'affection. En me parlant pour la première fois de ses parents, Pierre Curie me dit qu'ils étaient « exquis ». Ils l'étaient, en effet; lui, un peu autoritaire, d'un esprit toujours éveillé et actif, d'un désintéressement rare, ne voulant, ni ne sachant profiter de ses relations personnelles pour améliorer sa situation, aimant tendrement sa femme et ses fils, et toujours prêt à aider ceux qui avaient besoin de lui, — elle, petite, vive de caractère et, bien que sa santé eût été endommagée par la naissance de ses enfants, toujours gaie et active dans la simple demeure qu'elle savait rendre attrayante et hospitalière.

Quand je les ai connus, ils vivaient à Sceaux, rue des Sablons (aujourd'hui rue Pierre Curie), dans une petite maison de construction ancienne, très retirée parmi la verdure d'un joli jardin. Leur vie était paisible. Le docteur Curie faisait les courses qu'exigeait son service, soit à Sceaux, soit dans les localités voisines ; en dehors de cela, il lisait ou s'occupait de son jardin. Des parents proches ou des voisins venaient leur rendre visite le dimanche ; le jeu de boules ou les échecs étaient alors des distractions favorites. De temps en temps, Henri Brisson venait voir son vieux compagnon de lutte dans sa tranquille retraite. Une grande impression de calme et de sérénité se dégageait de la maison, du jardin et des habitants.

Pierre Curie naquit le 15 mai 1859, dans une maison située en face du Jardin des Plantes, rue Cuvier, où habitaient ses parents à l'époque où son père travaillait dans les laboratoires du Muséum ; il était le deuxième fils du docteur Curie, de trois ans et demi moins âgé que son frère Jacques. De l'époque de son enfance à Paris, il ne conserva guère de souvenirs particulièrement caractéristiques ; il m'a cependant raconté combien étaient restés présents à son esprit les jours de la Commune, la bataille sur la barricade tout près de la maison qu'il habitait alors, l'ambulance établie par son père et les expéditions faites par celui-ci avec l'aide de ses fils pour ramener les blessés.

C'est en 1883 que Pierre Curie quitta la capitale pour aller habiter avec ses parents les environs de Paris: d'abord, de 1883 à 1892, à Fontenay-aux-Roses, puis à Sceaux, de 1892 à 1895, année de notre mariage.

L'enfance de Pierre s'est écoulée entièrement dans sa famille ; il n'a jamais fréquenté ni école, ni lycée. Son instruction première lui fut donnée d'abord par sa mère, puis par son père et son frère aîné, lequel d'ailleurs n'avait pas non plus suivi d'une manière complète l'enseignement du lycée. Les qualités intellectuelles de Pierre Curie n'étaient point de celles qui permettent d'assimiler rapidement un programme d'études scolaires. Son esprit rêveur ne se soumettait pas à la réglementation de l'effort intellectuel imposée par l'école. La difficulté qu'il éprouvait à suivre ce régime était généralement attribuée à une certaine lenteur de l'esprit. Lui-même se croyait d'intelligence lente et il lui arrivait fréquemment de le dire. Je crois pourtant que cette expression n'est pas entièrement justifiée ; il me semble plutôt que, dès son jeune âge, ses facultés mentales l'obligeaient à concentrer sa pensée sur un objet déterminé avec une assez grande intensité, jusqu'à en obtenir un résultat précis — sans qu'il lui eût été possible d'interrompre et de modifier le cours de ses réflexions au gré des circonstances extérieures. Il est clair qu'un esprit de cette nature peut contenir en lui de grandes possibilités d'avenir, mais il est non moins évident qu'aucun système d'éducation n'a été prévu par l'école publique pour cette catégorie intellectuelle, qui cependant compte plus de représentants qu'on pourrait le croire à première vue.

Fort heureusement pour Pierre Curie, qui ne pouvait être, on le voit, un brillant élève, ses parents avaient une intelligence suffisamment éclairée pour se rendre compte de cette difficulté ; ils ne s'obstinèrent point à demander à leur fils un effort qui eût été préjudiciable à son développement. Si donc l'instruction première de Pierre Curie fut nécessairement irrégulière et incomplète, elle eut l'avantage de ne point peser sur son intelligence pour la déformer selon des dogmes, préjugés ou idées préconçues. De cette éducation si libérale, Pierre Curie conserva toujours à ses parents un souvenir reconnaissant.

Il grandit en toute liberté, développant son goût pour les sciences naturelles dans des excursions à la campagne, d'où il rapportait des plantes et des animaux pour les expériences de son père. Ces promenades, qu'il faisait soit seul, soit avec les siens, contribuaient à éveiller en lui un grand amour de la nature, et jusqu'à la fin de sa vie il conserva cette passion.

Le contact intime avec la nature que peu d'enfants peuvent connaître, en raison des conditions artificielles de la vie dans les villes et de l'éducation classique, a pu avoir une influence décisive sur la formation de l'esprit de Pierre Curie. Guidé par son père, il apprit à observer les faits et à les interpréter correctement ; il apprit aussi à bien connaître les animaux et les plantes des environs de Paris. En toute saison de l'année, il savait quels étaient ceux qu'on pouvait découvrir dans les forêts et dans les prairies, dans les ruisseaux et dans les mares. Ces dernières surtout avaient pour lui un attrait toujours nouveau, avec leur végétation spéciale et leur population de grenouilles, tritons, salamandres, libellules et autres habitants de l'air et de l'eau. Aucun effort ne lui paraissait exagéré pour atteindre l'objet de son intérêt. Il n'hésitait jamais non plus à prendre un animal en mains pour pouvoir l'examiner de près. Plus tard, après notre mariage, dans nos promenades communes, si j'élevais quelque objection contre l'opportunité de poser une grenouille dans ma main : « Mais non, répondait-il, vois donc comme elle est jolie ». Toujours aussi, il aima rapporter de ses promenades des bouquets de fleurs sauvages.

Ainsi ses connaissances en sciences naturelles progressaient rapidement ; il en a été de même des éléments des mathématiques. Ses études classiques, au contraire, ont été assez négligées, et c'est principalement en lisant qu'il acquit ses connaissances de littérature et d'histoire. Son père, dont la culture était très vaste, possédait une bibliothèque contenant de nombreux ouvrages d'auteurs français et étrangers. Ayant lui-même un goût très prononcé pour la lecture, il sut le communiquer à ses fils.

Vers l'âge de quatorze ans, il se produisit dans l'éducation de Pierre Curie une circonstance fort heureuse. Il fut confié à un excellent professeur, A. Bazille, qui lui enseigna les mathématiques élémentaires et les mathématiques spéciales. Ce maître sut apprécier son jeune élève, s'attacha à lui et le fit travailler avec la plus grande sollicitude ; il l'aida même à avancer ses études de latin, qui se trouvaient fort en retard. En même temps, Pierre Curie se lia d'amitié avec Albert Bazille, fils de son professeur.

Cet enseignement a eu, sans aucun doute, une grande influence sur l'esprit de Pierre Curie ; il l'a aidé à se développer, à approfondir ses facultés et à prendre conscience de ses capacités scientifiques. Pierre Curie avait pour l'étude des mathématiques une aptitude remarquable, qui se traduisait surtout par un esprit géométrique caractérisé et une grande facilité de vision dans l'espace. Il ne tarda pas à faire de grands progrès, et ces études qui le passionnaient furent une de ses plus grandes joies ; aussi conserva-t-il à son maître une reconnaissance inaltérable. Il me raconta un détail qui prouve que, dès cette époque, il ne se contentait pas de suivre uniquement un programme d'études, mais qu'il lui arrivait de s'en écarter dans un but d'investigation personnelle : vivement séduit par la théorie des déterminants qu'il venait d'apprendre, il entreprit de réaliser une construction analogue, mais à trois dimensions, et s'appliqua à découvrir les propriétés et l'utilisation de ces « déterminants cubiques ». Inutile de dire qu'à son âge, et avec les connaissances dont il disposait, l'entreprise était au-dessus de ses forces ; elle n'en était pas moins caractéristique de son esprit d'invention naissant.

Pusieurs années après, préoccupé de réflexions sur la symétrie, il se posait cette question : « Ne pourrait-on trouver une méthode générale pour résoudre une équation quelconque ? Tout est une question de symétrie ». Il n'avait pas alors connaissance de la théorie des groupes de Galois qui a permis d'aborder ce problème ; mais il a été heureux d'en connaître plus tard les résultats, ainsi que l'application géométrique au cas de l'équation du cinquième degré.

Grâce à ses progrès rapides en mathématiques et en physique, Pierre Curie fut reçu bachelier ès sciences à l'âge de seize ans. Dès lors, l'étape la plus difficile pour lui était franchie : il n'avait plus à songer désormais qu'à acquérir des connaissances par un effort personnel et indépendant, dans un domaine de science librement choisi.

CHAPITRE II

RÊVES DE JEUNESSE. — PREMIERS TRAVAUX SCIENTIFIQUES. — DÉCOUVERTE DE LA PIÉZOÉLECTRICITÉ.

Pierre Curie était encore fort jeune quand il commença ses études supérieures en préparant la licence de physique. Il suivait les cours et les travaux pratiques de la Sorbonne, et avait, de plus, accès au laboratoire du professeur Leroux, dans l'ancienne Ecole de pharmacie, où il aidait à la préparation des cours de physique. En même temps, il prenait l'habitude du laboratoire en travaillant avec son frère Jacques, qui était alors préparateur des cours de chimie auprès de Riche et Jungfleisch.

Pierre Curie fut reçu licencié ès-sciences physiques à l'âge de dix-huit ans. Pendant ses études, il fut remarqué par Desains, directeur du laboratoire des Hautes-Etudes, et par Mouton, sous-directeur du même laboratoire. Grâce à leur appréciation, il fut nommé, à dix-neuf ans, en 1878, préparateur de Desains à la Faculté des Sciences de Paris et chargé des manipulations de physique des élèves ; il occupa cette situation pendant cinq ans, et c'est alors qu'il fit ses premières recherches expérimentales.

On peut regretter qu'en raison de sa situation de fortune, Pierre Curie ait été obligé d'accepter un poste de préparateur dès l'âge de dix-neuf ans, au lieu de continuer librement ses études pendant deux ou trois ans encore. Absorbé par ses occupations professionnelles et par ses recherches, il dut renoncer à suivre les cours de mathématiques supérieures et ne passa plus d'examens. Par contre, il fut dispensé des obligations du service militaire, conformément aux avantages accordés à cette époque aux jeunes gens qui prenaient l'engagement de servir dans l'enseignement public.

C'était alors un jeune homme grand et mince, aux cheveux châtains, d'aspect timide et réservé. L'impression d'une vie intérieure profonde se dégage pourtant du jeune visage tel qu'il apparaît sur une bonne photographie du groupe familial composé par le docteur Curie, sa femme et ses deux fils. La tête est appuyée sur la main dans une pose d'abandon et de rêverie, et on ne peut s'empêcher de trouver frappante l'expression des grands yeux limpides à la forme allongée qui semblent suivre quelque vision intérieure. Son frère auprès de lui offre un contraste saisissant par ses cheveux bruns, son regard plein de vivacité et son allure décidée.

Les deux frères s'aimaient tendrement et vivaient en bons camarades, ayant coutume de travailler en commun au Laboratoire et de se promener ensemble aux heures de liberté. Ils avaient quelques amis d'enfance, avec lesquels ils conservèrent des relations affectueuses par la suite : Louis Depoully, leur cousin, qui devint docteur en médecine, Louis Vauthier, qui devint également médecin, Albert Bazille, qui devint ingénieur des postes et télégraphes.

Pierre Curie m'a raconté les souvenirs très vifs qu'il conservait de vacances passées à Draveil, au bord de la Seine, où, avec son frère Jacques, il faisait sur la rivière de longues randonnées, agrémentées de bains en pleine eau et de plongeons ; les deux frères étaient excellents nageurs. Ils étaient aussi capables de marcher pendant des journées entières, ayant acquis de bonne heure l'habitude de parcourir à pied les environs de Paris. Parfois aussi, Pierre Curie s'engageait dans des excursions solitaires qui convenaient bien à son esprit méditatif. Il lui arrivait en ce cas d'oublier l'heure et d'atteindre l'extrême limite de ses forces. S'absorbant dans la contemplation ravie des choses extérieures, il ne voulait pas songer aux difficultés matérielles.

Dans des pages de journal écrites en 1879[1], il exprimait ainsi l'influence salutaire exercée sur lui par la campagne : « Oh ! quel bon temps j'ai passé là, dans cette solitude bienfaisante, bien loin des mille petites choses agaçantes qui, à Paris, me mettent au supplice. Non, je ne regrette pas mes nuits passées dans les bois et mes journées qui coulaient toutes seules. Si j'avais le temps, je me laisserais bien aller à raconter toutes les rêvasseries que j'ai faites. Je voudrais aussi décrire ma délicieuse vallée, toute embaumée de plantes aromatiques, le beau fouillis si frais et si humide que traversait la Bièvre, le palais des fées aux colonnades de houblon, les collines rocailleuses et rouges de bruyère sur lesquelles on

---

[1] Pierre Curie n'a pas laissé de véritable journal, mais seulement un petit nombre de pages écrites pendant une courte période de sa vie, au hasard des circonstances.

était si bien. Oui, je me souviendrai toujours avec reconnaissance du bois de la Minière ; c'est de tous les coins que j'ai vus jusqu'ici celui que j'ai le plus aimé et où j'ai été le plus heureux. Je partais souvent le soir et je remontais la vallée ; je revenais avec vingt idées en tête ».

Ainsi, chez Pierre Curie, la sensation de bonheur éprouvée à la campagne se liait à la possibilité de réflexion tranquille. La vie courante, avec ses obligations et ses nombreuses causes de dérangement, ne lui permettait pas de se concentrer en lui-même, et c'était pour lui une cause de souffrance et d'inquiétude. Il se sentait destiné à la recherche scientifique. C'était pour lui un besoin impérieux d'approfondir et de comprendre les phénomènes pour s'en former une théorie satisfaisante. Mais en essayant de fixer son esprit sur quelque problème, il en était fréquemment détourné par une multiplicité de causes futiles qui troublaient ses réflexions et le plongeaient dans le découragement. Sous le titre : « Un jour comme bien d'autres », il écrivait dans son journal le récit des événements puérils qui avaient rempli une de ses journées sans laisser de place au travail utile. Il concluait : « Voilà ma journée et je n'ai rien fait. Pourquoi ? » Plus loin, il revenait sur le même sujet, et écrivait, prenant comme titre une ligne extraite d'un auteur célèbre :

« Etourdir de grelots l'esprit qui veut penser [1] ».

« Pour que, faible comme je le suis, je ne laisse pas ma tête aller à tous les vents, cédant au moindre

---

[1] Victor Hugo, *Le Roi s'amuse.*

souffle qu'elle rencontre, il faudrait que tout fût immobile autour de moi ou que lancé comme une toupie qui ronfle, le mouvement même me rende insensible aux choses extérieures.

» Lorsqu'en train de tourner lentement sur moi-même, j'essaye de me lancer, un rien, un mot, un récit, un journal, une visite m'arrêtent et peuvent reculer ou retarder à jamais l'instant où, pourvu d'une vitesse suffisante, je pourrais malgré ce qui m'entoure, me concentrer en moi-même.... Il nous faut manger, boire, dormir, paresser, aimer, toucher aux choses les plus douces de cette vie, et pourtant ne pas succomber ; il faut qu'en faisant tout cela, les pensées anti-naturelles auxquelles on s'est voué restent dominantes et continuent leur cours impassible dans notre pauvre tête ; il faut faire de la vie un rêve et faire d'un rêve une réalité. »

Cette analyse aigüe, d'une lucidité assez surprenante chez un jeune homme de vingt ans, évoque d'une manière admirable le milieu nécessaire aux plus hautes manifestations de la pensée; elle comporte un véritable enseignement qui, s'il était compris, faciliterait la route aux esprits rêveurs capables d'ouvrir pour l'humanité des voies nouvelles.

L'unité de pensée vers laquelle tendait Pierre Curie était troublée non seulement par ses obligations professionnelles et sociales, mais aussi par ses goûts, qui le poussaient vers une culture littéraire et artistique étendue. Comme son père, il aimait la lecture et ne craignait pas d'aborder les œuvres littéraires ardues ; à quelque critique faite à ce sujet, il répondait volontiers : « Je ne déteste pas les livres ennuyeux ». C'est qu'il était séduit par la recherche de la vérité qui s'associe parfois à une rédaction dépourvue d'agrément. Il aimait aussi la peinture et la musique et allait volontiers voir des tableaux ou assister à un concert.

Quelques fragments de poésies, transcrits de sa main, sont restés dans ses papiers.

Mais toutes ces préoccupations étaient subordonnées à ce qu'il estimait être sa vraie tâche, et quand son imagination scientifique n'était pas en pleine activité, il se sentait en quelque sorte incomplet. Son inquiétude s'exprimait en paroles émouvantes, inspirées par la souffrance des périodes de dépression passagères : « Que serai-je plus tard ? » écrivait-il. « Bien rarement je suis tout à moi ; ordinairement, une portion de mon être est endormie. Mon pauvre esprit, es-tu donc si faible que tu ne puisses réagir sur mon corps ? O mes pensées ! vous êtes donc bien peu de chose ! C'est en mon imagination que j'aurais le plus confiance pour me tirer de l'ornière, mais j'ai bien peur qu'elle ne soit morte. »

Malgré les hésitations, les doutes et les instants perdus, le jeune homme arrivait peu à peu à trouver sa voie et à affermir sa volonté ; il s'engageait résolument dans des recherches scientifiques fructueuses, à un âge où bien des futurs savants ne sont encore que des élèves.

Son premier travail, fait en collaboration avec Desains, est relatif à la détermination des longueurs d'onde calorifiques à l'aide d'une pile thermoélectrique et d'un réseau formé de fils métalliques.

Ce procédé, alors complètement nouveau, a depuis été repris fréquemment pour l'étude de cette question.

Il entreprit ensuite un travail sur les cristaux, en collaboration avec son frère, qui, après avoir passé sa licence, était préparateur de Friedel au laboratoire de minéralogie de la Sorbonne. Ce travail conduisit les deux jeunes physiciens à un grand succès : la découverte du phénomène nouveau de *piézoélectricité*, qui consiste en une polarisation électrique produite par la compression ou la dilatation des cristaux dépourvus de centre de symétrie. Cette découverte n'était point l'effet du hasard ; elle fut amenée par des réflexions sur la symétrie de la matière cristalline, qui ont permis aux deux frères de prévoir la possibilité de cette polarisation. La première partie du travail a été faite au laboratoire de Friedel. Avec une habileté expérimentale rare à leur âge, les jeunes physiciens ont réussi à poursuivre l'étude complète du nouveau phénomène, ont établi les conditions de symétrie nécessaires à sa production dans les cristaux, ont donné ses lois quantitatives remarquablement simples, ainsi que sa grandeur absolue pour certains cristaux. Plusieurs savants étrangers très connus (Rœntgen, Kundt, Voigt, Riecke) ont fait des recherches dans cette voie nouvelle ouverte par Jacques et Pierre Curie.

La deuxième partie du même travail, beaucoup plus difficile à réaliser au point de vue expérimental, concerne le phénomène de déformation que présentent les cristaux piézoélectriques, quand ils sont soumis à l'action d'un champ électrique. Ce phénomène, prévu par Lippmann, a été mis en évidence par les frères Curie. La difficulté de cette recherche résidait dans la petitesse des déformations qu'il s'agissait d'observer. Desains et Mouton mirent à la disposition des deux frères une pièce écartée du Laboratoire de physique où ils purent mener à bien leurs expériences délicates.

De ces recherches, autant théoriques qu'expérimentales, ils déduisirent aussitôt un résultat pratique, sous la forme d'un appareil nouveau, le *quartz piézoélectrique*, qui sert à mesurer, en valeur absolue, de faibles quantités d'électricité, ainsi que des courants électriques de faible intensité. Cet appareil a, plus tard, rendu de grands services dans les recherches sur la radioactivité [1].

Au cours de leurs recherches sur la piézoélectricité, les frères Curie durent employer des dispositifs électrométriques. Ne pouvant utiliser tel quel l'électromètre à quadrants connu à cette époque, ils ont établi de cet instrument un nouveau type, mieux adapté aux besoins de leur travail, et généralisé ensuite en France sous le nom d'électromètre Curie.

Ces années de collaboration entre les deux frères, toujours intimement unis, furent ainsi heureuses et fécondes. Leur amitié et leur passion pour la science

[1] La propriété piézoélectrique du quartz a reçu récemment une application importante : elle a été utilisée par P. Langevin pour la production d'ondes élastiques de haute fréquence (ultra-sons), émises dans l'eau, dans le but de la détection d'obstacles sous-marins. Cette même méthode peut servir d'une manière plus générale à explorer les profondeurs de la mer. On voit ainsi, une fois de plus, comment la spéculation pure peut conduire à une découverte utilisable plus tard dans des directions imprévues.

leur servaient de stimulant et de soutien. Au cours du travail commun, la vivacité et l'énergie de Jacques étaient un secours précieux pour Pierre, plus aisément absorbé dans ses pensées.

Toutefois cette belle et étroite collaboration ne dura que peu d'années. En 1883, Pierre et Jacques Curie furent obligés de se séparer ; Jacques partit à Montpellier, comme maître de conférences de minéralogie. Pierre venait d'être nommé chef de travaux à l'Ecole de physique et de chimie industrielles, fondée par la ville de Paris sous l'impulsion de Friedel et de Schützenberger, qui en devint le premier directeur.

Les travaux remarquables faits par Jacques et Pierre Curie sur les cristaux leur ont valu, beaucoup plus tard, il est vrai, l'attribution du prix Planté, en 1895.

CHAPITRE III

PREMIÈRES RECHERCHES A L'ÉCOLE DE PHYSIQUE. — SYMÉTRIE ET MAGNÉTISME.

C'est à l'Ecole de physique, dans les vieux bâtiments du Collège Rollin, que Pierre Curie devait travailler, d'abord comme chef des travaux, ensuite comme professeur, pendant vingt-deux ans, la presque totalité de sa vie scientifique. Son souvenir paraît intimement lié à ces vieux bâtiments aujourd'hui détruits, où il passait ses journées entières, rentrant seulement le soir à la campagne où habitaient alors ses parents. Il s'y estimait heureux, en raison de la bienveillance que lui témoignait le directeur fondateur de l'Ecole, Schützenberger, à cause aussi de l'estime et de la sympathie qu'il rencontrait chez ses élèves, dont plusieurs devinrent ses disciples et ses amis. Voici ce qu'il disait à ce sujet, à la fin d'une conférence faite à la Sorbonne, dans les dernières années de sa vie :

« Je désire rappeler ici que nous avons fait toutes nos recherches à l'Ecole de physique et de chimie de la ville de Paris. Dans toute production scientifique, l'influence du milieu dans lequel on travaille a une importance très grande et une partie des résultats est due à cette influence. Depuis plus de vingt ans, je travaille à l'Ecole de physique et de chimie. Schützenberger, le premier directeur de l'Ecole, était un homme de science éminent. Je me rappelle avec reconnaissance qu'il m'a procuré des moyens de travail alors que j'étais préparateur. Plus tard, il a permis à Mme Curie de venir travailler près de moi, et cette autorisation, à l'époque à laquelle elle a été donnée, était une innovation peu ordinaire. Schützenberger nous laissait à tous une grande liberté, et son action se faisait sentir surtout par sa passion communicative pour la science. Les professeurs de l'Ecole de physique et de chimie, les élèves qui en sortent, constituent un milieu bienfaisant et productif, qui m'a été très utile. C'est parmi les anciens élèves de l'Ecole que nous avons trouvé nos collaborateurs et nos amis. Je suis heureux de pouvoir, ici, les remercier tous ».

Il était, au début, dans ses nouvelles fonctions, à peine plus âgé que ses élèves qui l'aimaient en raison de l'extrême simplicité de ses manières, celles d'un camarade autant que d'un maître. Certains d'entre eux se souviennent avec émotion du travail fait auprès de lui, ainsi que des discussions devant le tableau noir, où il se laissait volontiers entraîner à causer avec eux de questions scientifiques, au plus grand profit de leur information et de leur enthousiasme naissant. Dans un dîner offert en 1903, par l'Association des anciens élèves de l'Ecole, auquel il assistait, il rappelait en souriant un incident de cette époque. Attardé un jour avec quelques élèves au laboratoire, il trouva la porte fermée quand il voulut partir, et tous descendirent en file du premier étage le long d'un tuyau voisin d'une fenêtre.

Sa réserve et sa timidité faisaient qu'il ne se liait pas facilement, mais ceux que leurs fonctions rapprochaient de lui l'aimaient en raison de sa bienveillance. Tel a été pendant toute sa vie le cas de ses subordonnés. A l'Ecole, le garçon de laboratoire de son service, qu'il avait eu l'occasion d'aider dans une circonstance difficile de sa vie, avait pour lui une grande reconnaissance et un véritable culte.

Quoique séparé de son frère, il entretenait avec celui-ci l'ancien lien d'amitié et de confiance. Pendant les vacances, Jacques Curie venait le trouver pour reprendre la bonne collaboration à laquelle tous deux sacrifiaient ces périodes de liberté. Parfois aussi, c'était Pierre qui allait retrouver Jacques, occupé d'un travail de cartographie géologique en Auvergne, et faisait avec lui les étapes de marche journalière que demande le tracé de la carte.

Voici quelques souvenirs d'une de ces randonnées, extraits d'une lettre qu'il m'adressait peu avant notre mariage :

« J'ai été très heureux de passer quelque temps avec mon frère. Nous étions loin de tout souci immédiat, et tellement isolés par notre genre de vie, que nous ne pouvions même pas recevoir une lettre, ne sachant pas chaque jour où nous coucherions le lendemain. Par moments, il me semblait être revenu à l'époque où nous vivions toujours ensemble. Nous en étions alors arrivés à avoir, sur toutes choses, les mêmes opinions ; à ce point que, pensant de même, il ne nous était plus nécessaire de parler pour nous comprendre. Cela était d'autant plus étonnant que nous avons des caractères entièrement différents ».

En se plaçant au point de vue des travaux scientifiques, il faut reconnaître que la nomination de Pierre Curie à l'Ecole de physique et de chimie retarda tout d'abord ses recherches expérimentales. En effet, au moment où il fut nommé, rien n'existait encore dans cet établissement ; tout était à créer. C'est à peine si les murs et les cloisons étaient en place. Pierre Curie eut donc à organiser complètement le service des manipulations et il s'acquitta de cette tâche d'une manière remarquable, en y apportant l'esprit de précision et de nouveauté qui le caractérisait.

Les manipulations des élèves, très nombreux, (trente par promotion), étaient elles-mêmes pénibles à diriger pour un jeune homme, assisté seulement d'un garçon de laboratoire. Ces premières années furent donc des années dures de travail assidu, utiles surtout aux élèves éduqués et formés par le jeune chef des travaux.

Celui-ci profita de cette interruption forcée de ses recherches expérimentales pour compléter son instruction scientifique, et, en particulier, ses connaissances mathématiques. En même temps, il s'absorbait dans des réflexions d'ordre théorique sur les liaisons qui existent entre la cristallographie et la physique.

Il publia, en 1884, un mémoire sur les questions d'ordre et de répétitions qui sont à la base de l'étude de la symétrie cristalline, suivi dans la même année par un exposé plus général sur le même sujet. Un autre mémoire sur la symétrie et les répétitions parut en 1885. La même année, il publia un travail théorique très important sur la formation des cristaux et sur les constantes capillaires des différentes faces [1].

On peut se rendre compte par cette succession rapide de travaux combien Pierre Curie était préoccupé de la physique cristalline. Ses recherches théoriques ou expérimentales dans ce domaine se groupent autour d'un principe très général : principe de symétrie, qu'il réussit à dégager peu à peu, et dont l'énoncé définitif a été donné par lui dans des mémoires publiés seulement au cours des années 1893 à 1895.

Voici la forme, désormais classique, qu'il donna à cet énoncé :

« Lorsque certaines causes produisent certains effets, les éléments de symétrie des causes doivent se retrouver dans les effets produits ».

« Lorsque certains effets révèlent une certaine dissymétrie, cette dissymétrie doit se retrouver dans les causes qui leur ont donné naissance. »

« La réciproque de ces deux propositions n'est pas vraie, au moins pratiquement, c'est-à-dire que les effets produits peuvent être plus symétriques que les causes. »

L'importance capitale de cet énoncé, très parfait dans sa simplicité, consiste en ce que les éléments de symétrie qu'il fait intervenir sont relatifs *à tous les phénomènes physiques sans exception.*

---

[1] Dans ce mémoire, très court, se trouve exposée, pour la première fois, une théorie qui permet de comprendre pourquoi les cristaux développent certaines faces simultanément, avec une extension particulière, et, par conséquent, pourquoi les cristaux possèdent une forme déterminée.

Guidé par une étude approfondie des groupes de symétrie qui peuvent exister dans la nature, Pierre Curie montre comment on doit utiliser cette documentation, de caractère à la fois géométrique et physique, pour prévoir si tel phénomène peut se produire, ou si sa production est impossible dans les conditions considérées. Au début d'un mémoire, il insiste en ces termes :

« Je pense qu'il convient d'introduire en physique les notions de symétrie familières aux cristallographes ».

Son œuvre dans cette voie est fondamentale, et bien qu'entraîné plus tard vers d'autres travaux, il conserva toujours un intérêt passionné pour la physique cristalline et ne cessa de nourrir des projets de recherches nouvelles dans ce domaine.

Ce principe de symétrie, qui a si vivement préoccupé l'esprit de Pierre Curie, est un des grands principes qui, en petit nombre, dominent l'étude des phénomènes physiques, et qui, prenant leur racine dans des notions fournies par l'expérience, s'en sont peu à peu dégagés pour acquérir une forme de plus en plus générale et de plus en plus parfaite. C'est ainsi que la notion de l'équivalence de la chaleur et du travail, venant s'ajouter à la notion antérieure de l'équivalence des énergies cinétique et potentielle, a permis d'établir le principe de conservation de l'énergie dont l'application est tout à fait générale. De même, le principe de conservation de la masse s'est dégagé des expériences de Lavoisier, qui sont à la base de la chimie. Une synthèse admirable a permis récemment d'atteindre un degré de généralité encore

plus élevé, par la réunion de ces deux principes en
un seul, car il a été prouvé que la masse d'un corps
est proportionnelle à son énergie interne. L'étude
des phénomènes électriques a conduit Lippmann à
énoncer le principe général de conservation de l'électricité. Le principe de Carnot, né de réflexions sur le
fonctionnement des machines thermiques, a également acquis une portée si générale qu'il permet de
prévoir le sens le plus probable de l'évolution spontanée pour tout système matériel.

Le principe de symétrie donne l'exemple d'une
évolution comparable. La *notion de symétrie* a pu
être suggérée tout d'abord par l'observation de la
nature : celle-ci nous offre, de manière imparfaite il
est vrai, des dispositions régulières dans l'aspect des
animaux et des plantes ; la régularité devient bien
plus parfaite quand il s'agit de minéraux cristallisés.
On peut estimer que la nature nous fournit la notion
de plan de symétrie et d'axe de symétrie. Un objet
possède un plan de symétrie ou plan de mirage, si ce
plan partage l'objet en deux parties dont chacune
peut être considérée comme l'image de l'autre reflé-
tée dans ce plan comme dans un miroir ; c'est ce qui
a lieu approximativement pour l'apparence extérieure de l'homme et de nombreux animaux. Un
objet possède un axe de symétrie d'ordre (n) s'il
conserve la même apparence après une rotation autour
de cet axe de la n^{eme} partie d'un tour; ainsi une fleur
régulière à quatre pétales a un axe de symétrie d'ordre
quatre ou axe quaternaire. Les cristaux tels que le
sel gemme ou l'alun possèdent plusieurs plans de symétrie et plusieurs axes de symétrie d'ordre divers.

La géométrie nous apprend à étudier les éléments de symétrie d'une figure limitée telle qu'un polyèdre et à découvrir entre ces éléments des relations nécessaires qui permettent de les réunir en groupes. La connaissance de ces groupes est de la plus haute utilité pour établir une classification rationnelle des formes cristallines en un petit nombre de systèmes dont chacun dérive d'une forme géométrique simple : c'est ainsi que l'octaèdre régulier appartient au même système que le cube, car le groupe formé par les axes et les plans de symétrie est le même dans les deux cas.

Dans l'étude des propriétés physiques de la matière cristallisée, il est nécessaire de tenir compte de la symétrie de cette matière ; celle-ci est, en général, *anisotrope*, ce qui veut dire qu'elle n'a pas les mêmes propriétés dans toutes les directions, tandis que des milieux tels que le verre ou l'eau sont *isotropes*, toutes les directions étant, en ce cas, équivalentes. C'est l'étude de l'optique qui a montré tout d'abord que la propagation de la lumière dans un cristal, dépend des éléments de symétrie de celui-ci. Il en est de même pour la conductibilité thermique ou électrique, pour l'aimantation, pour la polarisation, etc.

C'est en réfléchissant aux relations de cause à effet qui régissent ces phénomènes, que Pierre Curie a été amené à compléter et à étendre la notion de symétrie, en considérant celle-ci comme un état de l'espace caractéristique pour le milieu où se passe un phénomène. Pour définir cet état, il faut tenir compte non seulement de la constitution du milieu, mais aussi de son état de mouvement et des agents physiques auxquels il est soumis. C'est ainsi qu'un cylindre circulaire droit possède un plan de symétrie perpendiculaire à son axe en son milieu et une infinité de plans de symétrie passant par l'axe. Si le même cylindre est en rotation autour de son axe, le premier plan de symétrie subsiste, mais tous les autres sont supprimés ; si, de plus, le cylindre est parcouru par un courant électrique dans le sens de sa longueur, aucun plan de symétrie n'est conservé.

Pour tout phénomène, il y aura lieu de déterminer les éléments de symétrie compatibles avec son existence : « Certains de ces éléments peuvent coexister avec certains phénomènes, mais ils ne sont pas nécessaires. Ce qui est nécessaire, c'est que certains d'entr'eux n'existent pas. C'est *la dissymétrie qui crée le phénomène.* Quand plusieurs phénomènes se superposent dans un même système, les dissymétries s'ajoutent. » (Œuvres de Pierre Curie, page 127.)

Et c'est, comme conséquence des considérations ci-dessus, que Pierre Curie énonce la loi générale dont le texte déjà cité (page 31) atteint le plus haut degré de généralité et d'abstraction. La synthèse ainsi obtenue paraît définitive et il ne reste plus, semble-t-il, qu'à en déduire tout le développement qu'elle comporte.

Il convient pour cela de définir la symétrie particulière de chaque phénomène et d'introduire une classification qui mette en évidence les groupes de symétrie principaux. La masse, la charge électrique, la température, ont la même symétrie du type nommé *scalaire*, celle de la sphère. Un courant d'eau ou un courant électrique rectiligne ont la symétrie d'une flèche, du type *vecteur polaire*. La symétrie du cylindre circulaire droit est du type *tenseur*. Toute la physique cristalline peut être mise sous une forme telle que les phénomènes particuliers dont il s'agit ne sont pas spécifiés, mais que seules sont étudiées les relations géométriques et analytiques entre les types de grandeurs dont les unes sont considérées comme causes et les autres comme effets.

Ainsi, étudier la polarisation électrique par l'application d'un champ électrique, revient à étudier la relation entre deux systèmes de vecteurs et à écrire un système d'équations linéaires comportant neuf coefficients ; le même système d'équations est valable pour la relation entre le champ électrique et le courant électrique dans les cristaux conducteurs, ou pour celle entre le gradient de température et le courant de chaleur ; seule la signification des coefficients devra être changée. De même, toutes les particularités des phénomènes piézoélectriques peuvent être prévues par l'étude de la relation générale entre un vecteur et un système de tenseurs et toute la richesse des phénomènes d'élasticité dépend de la relation entre deux systèmes de tenseurs qui comporte en principe trente-six coefficients.

On peut se rendre compte, par cet exposé sommaire, de la haute portée philosophique de ces notions de symétrie, qui interviennent dans tout phénomène naturel, et dont le sens profond a été dégagé d'une manière si efficace par la pensée claire de Pierre Curie. Il est intéressant de rappeler ici la relation que voyait Pasteur entre ces mêmes notions et les manifestations de la vie. « L'Univers, disait-il, est un ensemble dissymétrique. Je suis porté à croire que la vie, telle qu'elle se manifeste à nous, doit être fonction de la dissymétrie de l'Univers ou des conséquences qu'elle entraîne. »

A mesure que son service s'organisait à l'Ecole, Pierre Curie pouvait songer à reprendre à nouveau des recherches expérimentales. Ce ne put être cependant que dans des conditions bien précaires. Il ne disposait, en effet, d'aucun laboratoire personnel, ni même d'aucune pièce mise à sa disposition exclusive. Il ne disposait non plus d'aucun crédit pour ses recherches. C'est seulement après plusieurs années de séjour à l'Ecole qu'il obtint, grâce à l'appui de Schützenberger, une petite subvention annuelle pour ses travaux. Jusque-là le matériel indispensable lui était fourni, dans la mesure du possible, sur le crédit général, malheureusement assez restreint, du laboratoire d'enseignement, grâce à la bienveillance de ses chefs de service.

Quant à l'emplacement, il dut se contenter de peu. Certaines de ses expériences étaient montées dans les salles d'élèves aux époques où celles-ci n'étaient pas utilisées. Mais, le plus souvent, il travaillait dans un passage exigu compris entre un escalier et une salle de manipulations ; c'est là qu'il fit, en particulier, son long et célèbre travail sur le magnétisme.

Cet état de choses anormal et manifestement préjudiciable au savant, avait tout au moins comme conséquence favorable de le rapprocher de ses élèves, qui pouvaient quelquefois participer à ses préoccupations scientifiques.

Son retour aux recherches expérimentales est marqué par une étude approfondie de la « Balance de précision apériodique à lecture directe des derniers poids » (1889, 1890, 1891). Dans cette balance, l'usage des petits poids est supprimé par l'emploi d'un microscope au moyen duquel on vise un micromètre fixé à l'extrémité d'un des bras du fléau. La lecture se fait quand l'oscillation du fléau est arrêtée, ce qui se produit très rapidement, grâce à l'utilisation d'amortisseurs à air convenablement construits. Cette balance a réalisé un progrès considérable par rapport aux anciens systèmes ; elle s'est montrée tout particulièrement précieuse dans les laboratoires d'analyse chimique où la rapidité des pesées est fréquemment un gage de précision. On peut estimer que la mise au point des balances Curie a marqué une époque dans la construction de ces instruments. Le travail fait à ce sujet est loin d'être empirique ; il comporte une étude théorique des mouvements amortis et la construction de nombreuses courbes établies avec l'aide de quelques-uns de ses élèves.

C'est vers 1891 que Pierre Curie commença une longue série de recherches sur les propriétés magnétiques des corps à diverses températures, depuis la température ambiante jusqu'à 1400°.

Ce travail, poursuivi pendant plusieurs années, fut présenté comme thèse de doctorat à la Faculté des sciences de Paris en 1895. Voici comment Pierre Curie précisait en peu de mots l'objet de son travail et les résultats de celui-ci :

« Les corps se divisent au point de vue de leurs propriétés magnétiques en trois groupes distincts : les corps *diamagnétiques*, les corps *faiblement magné-*

tiques, les corps *ferro-magnétiques.* A première vue, ces trois groupes sont absolument tranchés. Le but principal de ce travail était de rechercher s'il existe des transitions entre ces trois états de la matière, et s'il est possible de faire passer progressivement un même corps par ces trois états. J'ai étudié pour cela les propriétés d'un grand nombre de corps à des températures aussi différentes que possible, dans des champs magnétiques de diverses intensités.

Mes expériences n'ont amené aucun rapprochement entre les propriétés des corps diamagnétiques et celle des corps paramagnétiques[1], et les *résultats sont favorables aux théories qui attribuent le magnétisme et le diamagnétisme à des causes de nature différente.* Au contraire, les propriétés des corps ferro-magnétiques et des corps faiblement magnétiques sont reliées intimement.

Le travail a présenté des difficultés expérimentales considérables, car il était nécessaire de mesurer des forces très petites (de l'ordre de 1 /100 de milligramme) dans une enceinte où la température pouvait atteindre 1400°.

Ainsi que l'avait bien compris Pierre Curie, les résultats obtenus ont une importance fondamentale, au point de vue théorique. La *loi de Curie,* d'après laquelle le coefficient d'aimantation des corps faible-

---

[1] Les corps paramagnétiques sont ceux qui s'aimantent de la même manière que le fer, fortement (ferro-magnétique), ou faiblement. Les corps diamagnétiques sont ceux dont l'aimantation très faible est opposée à celle que prendrait le fer dans le même champ magnétisant.

ment magnétiques varie en raison inverse de la température absolue, est une loi remarquablement simple, entièrement comparable à la loi de Gay-Lussac relative à la variation de la densité d'un gaz parfait avec la température. Dans sa théorie bien connue du magnétisme, P. Langevin, en 1905, réussit à rendre compte de la loi de Curie et à retrouver, au point de vue théorique, la différence fondamentale entre les origines du diamagnétisme et du paramagnétisme. Ce travail, ainsi que les importantes recherches de P. Weiss, ont mis en évidence l'exactitude des conclusions de Pierre Curie, ainsi que la profondeur de l'analogie qu'il apercevait entre l'intensité d'aimantation et la densité d'un fluide, l'état paramagnétique étant comparable à l'état gazeux, et l'état ferromagnétique à l'état condensé.

En relation avec ce travail, Pierre Curie consacra quelque temps à la recherche de phénomènes nouveaux, dont l'existence ne lui paraissait pas impossible a priori. Il s'occupa de rechercher des corps fortement diamagnétiques, et n'en trouva point. Il chercha aussi s'il y avait des corps conducteurs de magnétisme, et si le magnétisme pouvait exister à l'état libre, comme l'électricité. Là aussi, le résultat fut négatif. Jamais il ne publia rien sur ces travaux, ayant l'habitude de s'engager ainsi dans la poursuite de phénomènes, souvent sans grand espoir de succès, par unique amour de l'imprévu, et sans tenir en aucune manière à une publication éventuelle.

Cette passion entièrement désintéressée pour la recherche scientifique fit qu'il ne se soucia pas particulièrement de présenter une thèse de doctorat en utilisant pour cela ses premiers travaux. Il avait déjà trente-cinq ans quand il se décida à réunir dans ce but les résultats du beau travail sur le magnétisme qu'il venait d'achever.

Je conserve un souvenir très vivant de cette soutenance de thèse, à laquelle il m'invita, en raison de l'amitié qui nous liait déjà à cette époque. Le jury se composait des professeurs Bouty, Lippmann et Hautefeuille. Dans l'assistance se trouvaient les amis de Pierre Curie, ainsi que son vieux père tout heureux du succès de son fils. Je me souviens de la simplicité et de la clarté de l'exposé, de l'estime marquée par l'attitude des professeurs, et de la conversation engagée entre eux et Pierre Curie, faisant penser à une séance de la Société de physique. La petite salle abrita, ce jour-là, la haute pensée humaine, et de ce sentiment j'étais toute pénétrée.

En évoquant cette période de la vie de Pierre Curie, entre 1883 et 1895, on peut apprécier l'évolution accomplie par le jeune physicien dans sa situation de chef de travaux. Il avait réussi pendant ce temps à organiser un service d'enseignement entièrement nouveau, à publier une série de mémoires théoriques importants et de recherches expérimentales de premier ordre, ainsi qu'à construire des appareils nouveaux d'une grande perfection, tout cela dans des conditions d'installation et de crédits bien insuffisantes. On peut juger par là du chemin qu'il avait parcouru depuis les doutes et les hésitations de sa première jeunesse, pour discipliner ses méthodes de travail et pour tirer parti de ses aptitudes exceptionnelles.

Il était entouré d'une estime croissante en France et à l'étranger. On l'écoutait avec intérêt aux séances des Sociétés savantes (Société de physique, Société de minéralogie, Société des électriciens), où il avait l'habitude de présenter des communications et où il intervenait volontiers dans les discussions relatives à diverses questions scientifiques.

Parmi les savants étrangers qui l'appréciaient hautement dès cette époque, on peut citer en premier lieu l'illustre physicien anglais, lord Kelvin, qui entra en relations avec lui à l'occasion d'une discussion scientifique et ne cessa de lui témoigner depuis ce temps de l'estime et de la sympathie. Au cours d'un de ses voyages à Paris, lord Kelvin se trouvait présent à une séance de la Société de physique, où Pierre Curie faisait une communication sur la construction et l'emploi des condensateurs étalons à anneau de garde. Dans cette communication, il préconisait l'emploi d'un dispositif qui consiste à charger la partie centrale du plateau à anneau de garde avec une pile, et à relier l'anneau de garde au sol ; on utilise alors pour la mesure la charge induite sur le deuxième plateau. Bien que la disposition des lignes de force soit alors complexe, la charge induite se calcule d'après un théorème d'électrostatique par la même formule simple que dans le dispositif ordinaire à champ uniforme, et l'on bénéficie d'un meilleur isolement. Lord Kelvin crut d'abord le raisonnement inexact ; malgré sa grande notoriété et son âge avancé, il vint le lendemain trouver à son laboratoire le jeune chef des travaux et s'engagea avec lui dans une discussion au tableau noir. Il fut entièrement convaincu et paraissait d'ailleurs ravi de donner raison à son interlocuteur [1].

On peut s'étonner que Pierre Curie, malgré son mérite, ait conservé pendant douze ans la simple situation de chef de travaux. Cela tenait, sans doute, en grande partie à la facilité avec laquelle on oublie ceux qui ne sont ni recommandés, ni protégés, ni aidés par des influences puissantes. Cela tenait aussi à l'impossibilité qu'il y avait pour lui à faire les nombreuses démarches que comporte toute candidature poussée activement. L'indépendance de son caractère s'accommodait mal d'avoir à demander une amélioration de sa situation, cependant bien modeste, puisque son salaire comparable à celui d'un ouvrier (environ trois cents francs par mois), était à peine suffisant pour mener une vie très simple, mais conforme à ses occupations.

.Voici ce qu'il écrivait lui-même à ce sujet :

« On m'a dit que l'un des professeurs donnerait

---

[1] Voici un extrait d'une lettre adressée par Lord Kelvin à Pierre Curie :

October 1893.

Dear Mr. Curie,

I am much obliged to you for your letter of Saturday and the information contained in it which is exceedingly interesting to me.

If I call at your laboratory between 10 and 11 to morrow morning, should I find you there ? There are two or three things I would like to speak to you about ; and I would like also to see more of your curves representing the magnetisation of iron at different temperatures.

Yours truly,

KELVIN.

peut-être sa démission et que je dois, en ce cas, poser ma candidature à sa succession. Vilaine corvée que celle d'un candidat à une place quelconque, et je ne suis pas habitué à ce genre d'exercice démoralisant au premier chef. Je regrette de vous en avoir parlé. Je crois que rien n'est plus malsain pour l'esprit que de se laisser aller à des préoccupations de ce genre, et d'écouter tous les petits potins que l'on vient vous raconter ».

S'il n'aimait pas solliciter un avancement, il était encore bien moins enclin à souhaiter les honneurs. Il avait, en particulier, une opinion très ferme en ce qui concerne les distinctions honorifiques ; non seulement il ne croyait pas à leur utilité, mais il les considérait même comme franchement nuisibles, pensant que le désir de les obtenir est une cause de trouble, qui fait passer au second plan le but le plus digne de l'homme : l'accomplissement de l'œuvre pour l'amour d'elle-même. Accoutumé à une grande probité morale, il n'hésitait pas à conformer ses actes à ses opinions. Quand, pour lui donner une marque d'estime, Schützenberger voulut le proposer pour les palmes académiques, il refusa cette distinction, malgré les avantages qu'elle pouvait avoir pour son avenir et il écrivit ainsi à son directeur :

« J'ai été informé que vous aviez l'intention de me proposer de nouveau au préfet pour la décoration. Je viens vous prier de n'en rien faire. Si vous me procurez cette distinction, vous me mettrez dans l'obligation de la refuser, car je suis bien décidé à n'accepter jamais aucune décoration d'aucune sorte. J'espère que vous voudrez bien m'éviter une démarche qui me rendra quelque peu ridicule auprès de bien des gens. Si votre intention est de me donner un témoignage d'intérêt, vous l'avez déjà fait, et d'une façon bien plus efficace, dont j'ai été fort touché, en me donnant les moyens de travailler à mon aise ».

Bien que Pierre Curie se refusât à faire des démarches pour changer de situation, celle-ci se modifia enfin en 1895. Le physicien bien connu, Mascart, professeur au Collège de France, impressionné par la valeur de Pierre Curie et par l'estime que lui accordait lord Kelvin, insista auprès de Schützenberger pour faire demander la création, à l'Ecole, d'une nouvelle chaire de physique. Pierre Curie fut donc nommé professeur dans des conditions qui faisaient ressortir tout particulièrement sa valeur. Par contre, rien n'a été fait à la même époque pour améliorer les conditions de travail dont on a vu plus haut l'insuffisance.

CHAPITRE IV

MARIAGE ET ORGANISATION DE VIE DE FAMILLE. — PERSONNALITÉ ET CARACTÈRE.

Je rencontrai Pierre Curie pour la première fois au printemps de l'année 1894, alors que je vivais à Paris, où, depuis trois ans, je poursuivais des études à la Sorbonne[1]. J'avais passé les examens de la licence de physique et je préparais ceux de la licence de mathématiques ; en même temps, je commençais à travailler au laboratoire de recherches du professeur Lippmann. Un physicien polonais, avec qui j'étais en relation, et qui estimait beaucoup Pierre Curie, nous invita un jour ensemble pour passer la soirée avec lui et sa femme.

Quand j'entrai, Pierre Curie se tenait dans l'embrasure d'une porte-fenêtre donnant sur un balcon. Il me parut très jeune, bien qu'il fût alors âgé de trente-cinq ans. J'ai été frappée par l'expression de son

---

[1] Voici quelques brefs détails biographiques :

Mon nom est Marie Sklodowska. Mon père et ma mère appartenaient à des familles polonaises et catholiques ; ils étaient tous deux professeurs d'enseignement secondaire à Varsovie (Pologne russe à cette époque). Je suis née à Varsovie et j'y ai fait mes études de lycée ; j'ai travaillé ensuite quelques années dans l'enseignement, puis je suis venue à Paris en l'année 1892, pour y faire des études scientifiques.

regard clair et par une légère apparence d'abandon dans sa haute stature. Sa parole un peu lente et réfléchie, sa simplicité, son sourire à la fois grave et jeune inspiraient confiance. Une conversation s'engagea entre nous, bientôt amicale ; elle avait pour objet des questions de sciences sur lesquelles j'étais heureuse de demander son avis, puis des questions d'intérêt social ou humanitaire, auxquelles nous nous intéressions tous deux. Il y avait entre sa conception des choses et la mienne, malgré la différence de nos pays d'origine, une parenté surprenante, attribuable, sans doute, en partie, à une certaine analogie dans l'atmosphère morale, au milieu de laquelle chacun de nous avait grandi dans sa famille.

Nous nous rencontrâmes de nouveau à la Société de physique et au laboratoire ; puis il demanda à me rendre visite. J'habitais alors une chambre au sixième étage d'une maison dans le quartier des Ecoles, et c'était un logement pauvre, car mes ressources étaient extrêmement restreintes. Je m'y trouvais pourtant très heureuse, ayant réalisé à vingt-cinq ans seulement l'ardent désir que j'avais eu depuis longtemps de faire des études de sciences approfondies. Pierre Curie vint me voir avec une sympathie simple et sincère pour ma vie de travailleuse. Bientôt il prit l'habitude de me parler de son rêve de vie consacrée entièrement à la recherche scientifique, et il me demanda de partager cette existence. Toutefois, il ne m'était pas facile de prendre une telle décision, car elle comportait la séparation de mon pays, de ma famille, et le renon-

cement à des projets d'activité sociale qui m'étaient
chers. Ayant grandi dans une atmosphère de patrio-
tisme entretenue par l'oppression exercée sur la
Pologne, je voulais, comme tant d'autres jeunes
gens de mon pays, contribuer par mes efforts à la
conservation de l'esprit national.

Les choses en étaient là, quand, au début des
vacances, je quittai Paris pour me rendre auprès
de mon père en Pologne. Notre correspondance
pendant cette séparation a contribué à resserrer
entre nous le lien d'affection qui commençait à
s'établir.

Pierre Curie m'écrivit durant l'été 1894 des lettres
que je crois admirables dans leur ensemble. Aucune
d'elles n'est très longue, car il avait l'habitude de
la rédaction concise, mais toutes ont été écrites par
lui dans le souci évident de se faire connaître à
celle qu'il désirait pour compagne, tel qu'il était,
avec une sincérité objective. La qualité même de la
rédaction m'a toujours paru exceptionnelle ; nul
n'était capable comme lui de décrire en peu de
lignes un état d'esprit où une situation, de manière
à en évoquer une image saisissante de vérité par des
moyens très simples. Quelques fragments de ses lettres
ont déjà été cités au cours de ce récit, et d'autres le
seront par la suite. Il convient d'en reproduire ici
quelques passages qui expriment comment il envisa-
geait l'éventualité de son mariage :

« Nous nous sommes promis (n'est-il pas vrai ?)
d'avoir l'un pour l'autre au moins une grande amitié.
Pourvu que vous ne changiez pas d'avis ! Car il
n'y a pas de promesses qui tiennent ; ce sont des

choses qui ne se commandent pas. Ce serait cependant une belle chose à laquelle je n'ose croire que de passer la vie l'un près de l'autre, hypnotisés dans nos rêves : *votre rêve* patriotique, *notre rêve* humanitaire et *notre rêve* scientifique. De tous ces rêves-là, le dernier seul, est, je crois, légitime. Je veux dire par là que nous sommes impuissants pour changer l'état social, et s'il n'en était pas ainsi, nous ne saurions que faire, et en agissant dans un sens quelconque nous ne serions jamais sûrs de ne pas faire plus de mal que de bien, en retardant quelque évolution inévitable. Au point de vue scientifique, au contraire, nous pouvons prétendre faire quelque chose; le terrain est ici plus solide et toute découverte, si petite qu'elle soit, reste acquise....

» Je vous conseille vivement de revenir à Paris au mois d'octobre. Cela me ferait beaucoup de peine si vous ne veniez pas cette année, mais ce n'est pas par égoïsme d'ami que je vous dis de revenir. Je crois seulement que vous travaillerez mieux et que vous ferez ici besogne plus solide et plus utile. »

On peut comprendre, d'après cette lettre, qu'il n'y avait pour *Pierre Curie qu'une seule manière d'envisager son avenir. Il avait voué sa vie à son rêve scientifique ; il lui fallait une compagne qui pût vivre le même rêve avec lui. Il m'a dit plusieurs fois que s'il ne s'était pas marié jusqu'à trente-six ans c'est qu'il ne croyait pas à la possibilité d'un mariage répondant à ce qui était pour lui un besoin absolu.*

A vingt-deux ans, il écrivait dans son journal: « La femme, bien plus que nous, aime la vie pour vivre ; les femmes de génie sont rares. Aussi lorsque poussés par quelque amour mystique, *nous voulons entrer dans quelque voie antinaturelle*, lorsque nous donnons toutes nos pensées à quelque œuvre qui nous éloigne de l'humanité qui nous touche, nous avons à lutter avec les femmes ; — et la lutte presque toujours est inégale, car c'est au nom de la vie et de la nature qu'elles essaient de nous ramener ».

On voit, d'autre part, dans la correspondance citée plus haut, la confiance inébranlable qu'il avait dans la science et dans le pouvoir de celle-ci pour le bien, général de l'humanité ; et il semble légitime de rapprocher ce sentiment de celui qui dicta à Pasteur les paroles bien connues :

« Je crois invinciblement que la science et la paix triompheront de l'ignorance et de la guerre ».

Cette confiance dans les solutions scientifiques rendait Pierre Curie peu enclin à prendre une part active à la politique. Il était attaché par éducation et par sentiment aux idées démocratiques et socialistes, mais il n'était dominé par aucune doctrine de parti. Il remplit, d'ailleurs, toujours ses obligations d'électeur, ainsi que le fit son père. Dans la vie publique comme dans la vie privée, il ne croyait pas à l'emploi de la violence :

« Que penseriez-vous, m'écrivait-il, de quelqu'un qui songerait à se jeter la tête la première contre un mur de pierre de taille, avec la prétention de le renverser ? Cela pourrait être une idée résultant de très beaux sentiments, mais, de fait, cette idée serait ridicule et stupide. Je crois que certaines questions demandent une solution générale, mais ne comportent plus aujourd'hui de solutions locales, et que lorsqu'on s'engage dans une voie qui n'a pas d'issue, on peut faire beaucoup de mal. Je crois encore que la justice n'est pas de ce monde, et que le système le plus fort, ou plutôt le plus économique sera celui qui prévaudra. Un homme est exténué par le travail et vit quand même misérable ; c'est là une chose révoltante, mais ce n'est pas pour cela qu'elle cessera ; elle disparaîtra probablement parce que l'homme est une sorte de machine, et qu'il y a avantage au point de vue économique à faire fonctionner une machine quelconque dans son régime normal, sans la forcer ».

Il appliquait à sa vie intérieure le même besoin de clarté et de compréhension qu'à l'examen de problèmes généraux. Un grand besoin de loyauté envers lui-même et envers les autres le faisait souffrir des compromis imposés par l'existence, bien qu'il les réduisît au minimum.

« Nous sommes tous esclaves de nos affections, esclaves des préjugés de ceux que nous aimons ; nous devons aussi gagner notre vie, et par cela devenir un rouage de machine. Le plus pénible, ce sont les concessions qu'il faut faire aux préjugés de la société qui nous entoure ; on en fait plus ou moins selon qu'on se sent plus faible ou plus fort. Si l'on n'en fait pas assez, on est écrasé. Si l'on en fait trop, on est vil et l'on prend le dégoût de soi-même. Me voilà loin des principes que j'avais il y a dix ans. Je croyais à cette époque qu'il fallait être excessif en tout, et ne faire aucune concession au milieu qui nous entoure. Je croyais qu'il fallait exagérer ses défauts comme ses qualités. »

Telles étaient les pensées de celui qui, sans fortune lui-même, souhaitait associer sa vie à celle de l'étudiante sans fortune qu'il avait rencontrée.

Au retour des vacances, nos relations amicales nous sont devenues de plus en plus chères, chacun comprenant qu'il ne pouvait trouver un meilleur compagnon d'existence. Notre mariage fut donc décidé et eut lieu le 25 juillet 1895. Conformément à nos goûts communs, la cérémonie a été réduite au strict minimum ; elle a été civile, car Pierre Curie n'appartenait à aucun culte, et moi-même je n'étais pas pratiquante. Les parents de Pierre Curie m'accueillirent avec la plus grande cordialité et, réciproquement, mon père et mes sœurs, qui assistaient à mon mariage, furent heureux de connaître la famille dont j'allais faire partie.

Notre première installation, extrêmement modeste, consistait en un petit logement de trois pièces situé rue de la Glacière, non loin de l'Ecole de physique. Son mérite principal était d'avoir vue sur un vaste jardin. L'ameublement, très sommaire, se composait d'objets ayant appartenu à nos parents. Nos ressources ne nous permettaient pas de nous faire servir. Je devais donc assurer presque entièrement les soins du ménage, ce dont j'avais pris l'habitude pendant ma vie d'étudiante.

Le traitement de professeur de Pierre Curie était de six mille francs par an, et nous tenions à ce qu'il ne s'imposât pas d'occupations supplémentaires, tout au moins au début. Pour ce qui me concerne, j'entrepris de préparer le concours de l'agrégation des jeunes filles en vue d'un poste dans l'enseignement et je fus reçue en 1896. Notre existence était entièrement organisée en vue du travail scientifique, et nos journées se passaient au Laboratoire où Schützenberger m'autorisa à travailler auprès de mon mari.

Celui-ci était alors engagé dans un travail sur la croissance des cristaux, qui l'intéressait vivement. Il désirait savoir si certaines faces d'un cristal se développent de préférence parce qu'elles ont une vitesse d'accroissement différente ou parce que leur solubilité est différente. Il obtint assez rapidement des résultats intéressants (non publiés), mais dut interrompre ce travail afin de poursuivre des recherches sur la radioactivité, et ne put jamais le reprendre, ce qu'il regrettait fréquemment. J'étais occupée, à la même époque, d'une étude sur l'aimantation des aciers trempés.

La préparation de son enseignement à l'Ecole était pour Pierre Curie un souci important. La chaire était nouvellement créée, et aucun programme de cours ne lui était imposé. Il partagea d'abord ses leçons entre la cristallographie et l'électricité, puis, reconnaissant de plus en plus l'utilité d'un cours théorique sérieux d'électricité pour de futurs ingénieurs, il se consacra entièrement à ce sujet et réussit à établir un enseignement (en cent-vingt leçons environ), le plus complet et le plus moderne alors à Paris. Il dut accomplir pour cela un effort considérable, dont j'ai été le témoin journalier, constamment soucieux de donner une image complète des phénomènes et de l'évolution des théories et des idées, soucieux aussi de précision et de clarté dans le mode d'exposition. Il songeait à publier un traité résumant cet enseignement, mais, absorbé par des préoccupations multiples pendant les années suivantes, il ne put malheureusement mettre ce projet à exécution.

Nous vivions très unis, nous intéressant en commun à toutes choses : travail théorique, expériences de laboratoire, préparation de cours ou d'examens. Pendant onze années de vie commune, nous ne nous sommes presque pas séparés, à tel point qu'il n'existe que peu de lignes de correspondance entre nous de cette époque. Nos journées de repos ou de vacances étaient consacrées à des promenades à pied ou à bicyclette, soit dans la campagne des environs de Paris, soit au bord de la mer ou en montagne. La préoccupation de travail était si absorbante chez Pierre Curie qu'il pouvait difficilement séjourner un temps prolongé dans un endroit où les moyens de travail lui manquaient. Après quelques jours, il lui arrivait de dire : « Il me semble qu'il y a bien longtemps que nous n'avons rien fait ». En excursion, au contraire, au cours de journées successives il se sentait heureux et jouissait pleinement de ces promenades que nous faisions ensemble, de même qu'il avait joui jadis de celles faites en commun avec son frère, sans que, d'ailleurs, la joie de voir de belles choses l'empêchât de penser à des questions scientifiques. Nous parcourûmes ainsi les régions des Cévennes et des monts d'Auvergne, ainsi que les côtes de France, et quelques-unes de ses grandes forêts.

Ces journées de grand air et de belles visions nous laissaient des impressions profondes que nous aimions évoquer par la suite. Un souvenir radieux nous est resté d'une journée de soleil, où, après une montée longue et pénible, nous traversions la prairie verte et fraîche de l'Aubrac, dans l'air pur des hauts plateaux. Un autre souvenir vivant était celui d'un soir où, attardés au crépuscule dans la gorge de la Truyère, nous avons été particulièrement séduits par un air populaire qui se mourait au loin, venant d'une barque qui descendait au fil de l'eau, et où ayant bien mal prévu nos étapes, nous n'avons pu regagner notre logis avant l'aube ; une rencontre avec des charrettes dont les chevaux prirent peur de nos bicyclettes, nous obligea à couper au travers des champs labourés : nous reprîmes ensuite la route sur le haut plateau, baigné par la lumière irréelle de la lune, tandis que les vaches qui passaient la nuit dans des enclos, venaient gravement nous contempler de leurs grands yeux tranquilles.

La forêt de Compiègne nous a charmés au printemps, par sa tendre verdure et ses tapis, à perte de vue, de pervenches et d'anémones ; à la lisière de la forêt de Fontainebleau, les bords du Loing, chargés de renoncules d'eau, étaient pour Pierre Curie un objet de ravissement. Et nous aimions la mélancolie des côtes de la Bretagne et l'étendue des landes de bruyères et d'ajoncs, jusque vers les pointes du Finistère, semblables à des griffes ou des dents s'enfonçant dans le flot qui toujours les ronge.

Plus tard, ayant notre enfant avec nous, nous avons été amenés à prendre des vacances dans une même localité, sans voyager. Nous vivions alors aussi simplement que possible, dans des villages retirés où l'on pouvait à peine nous distinguer des habitants de la région. J'ai le souvenir de la stupéfaction d'un journaliste américain qui nous retrouva au Pouldu, au moment où, assise sur les marches de pierre de la maison, j'étais occupée à vider le sable de mes espadrilles ; toutefois, sa perplexité ne fut pas de longue durée, et prenant son parti de cette situation, il s'assit à côté de moi et se mit en devoir de crayonner dans son calepin mes réponses à ses questions.

Les relations les plus affectueuses s'établirent entre les parents de mon mari et moi. Nous allions fréquemment à Sceaux, où l'ancienne chambre de mon mari restait toujours à notre disposition ; je me liai aussi d'affection tendre avec Jacques Curie et sa famille (il était marié et père de deux enfants) ; le frère de mon mari est devenu le mien et l'est toujours resté.

Notre fille aînée, Irène, vint au monde en septembre 1897, et peu de jours après, Pierre Curie eut la douleur de perdre sa mère. Le docteur Curie vint alors habiter avec nous dans une maison avec jardin située aux fortifications de Paris (108, boulevard Kellermann), au voisinage du parc de Monsouris. C'est là que Pierre Curie vécut jusqu'à la fin de sa vie.

Avec la naissance de notre enfant, les difficultés de notre organisation de travail se trouvaient augmentées, car il me fallait consacrer plus de temps à la vie d'intérieur. Fort heureusement, je pouvais laisser ma petite fille en compagnie de son grand-père qui aimait beaucoup s'en occuper. Il fallait songer aussi à se procurer des ressources nouvelles pour la famille agrandie et pour l'aide qui m'était désormais nécessaire à la maison. Cependant notre situation resta encore la même pendant les deux années suivantes, que nous avons consacrées à un travail de laboratoire intensif sur la radioactivité. Elle ne s'améliora qu'en 1900, au détriment, il est vrai, du temps que nous pouvions employer à nos recherches scientifiques.

Toute préoccupation de vie mondaine était exclue de notre existence. Pierre Curie avait pour les obligations de ce genre une répugnance invincible ; pas plus dans sa vie de jeune homme que plus tard, il n'accepta de faire des visites, ou de nouer des relations sans intérêt. Grave et silencieux, il préférait s'abandonner à ses réflexions, plutôt que d'échanger des paroles banales. Il attachait, au contraire, beaucoup d'importance aux relations avec ses amis d'enfance, et avec ceux à qui il était lié par une communauté d'intérêt scientifique.

Parmi ces derniers, il faut citer E. Gouy, professeur à la Faculté des sciences de Lyon. Ses relations amicales avec Pierre Curie dataient du temps où tous deux avaient été préparateurs à la Sorbonne ; ils entretenaient une correspondance scientifique régulière et prenaient plaisir à se revoir lors des courtes visites de E. Gouy à Paris, durant lesquelles ils étaient inséparables. Il y avait aussi d'anciennes relations d'amitié entre Pierre Curie et Ch.-Ed. Guillaume, aujourd'hui directeur du Bureau international des Poids et Mesures, à Sèvres ; ils se voyaient à la Société de physique, et se rejoignaient parfois le dimanche à Sèvres ou à Sceaux. Plus tard, il se forma autour de Pierre Curie un groupe d'amis plus jeunes, engagés comme lui dans les recherches de physique et de chimie, faisant partie du domaine le plus nouveau de ces sciences : André Debierne, son collaborateur dans les travaux sur la radioactivité, et ami intime, Georges. Sagnac, son collaborateur pour une étude sur les rayons X, Paul Langevin, son ancien élève, qui devint professeur au Collège de France, Jean Perrin, actuellement professeur de chimie-physique à la Sorbonne, Georges Urbain, ancien élève de l'Ecole, maintenant professeur de chimie à la Sorbonne. Souvent l'un ou l'autre venait nous voir dans la tranquille maison du boulevard Kellermann. Nous poursuivions alors une causerie sur les expériences récentes ou futures, sur les idées et théories nouvelles, et nous ne nous lassions pas de jouir du merveilleux développement de la physique moderne.

On ne faisait guère de réunions nombreuses dans notre maison, car Pierre Curie n'en éprouvait pas le désir. Il était plus à son aise dans une conversation à quelques-uns et allait rarement à d'autres réunions que celles de sociétés scientifiques. Si d'aventure il se trouvait égaré dans un milieu où la conversation générale ne pouvait l'intéresser, il se réfugiait dans un coin tranquille et pouvait oublier l'assistance en poursuivant ses pensées.

Nos relations de famille étaient très restreintes, de son côté comme du mien, la sienne étant peu nombreuse et la mienne éloignée. Il était cependant très affectueux pour ceux des miens qui venaient me voir à Paris ou pendant les vacances.

En 1899, Pierre Curie fit avec moi un voyage en Pologne autrichienne, dans les Carpathes, où l'une de mes sœurs mariée avec le docteur Dluski, et médecin elle-même, dirigeait avec son mari un grand sanatorium. Par un désir touchant de connaître tout ce ce qui m'était cher, il voulut apprendre le polonais bien qu'il connût peu, en général, les langues étrangères, et bien que je ne lui eusse point conseillé cette étude qui ne pouvait lui être suffisamment utile. Il avait une sincère sympathie pour mon pays et croyait au rétablissement d'une Pologne libre dans l'avenir.

Dans notre vie commune, il m'a été donné de le connaître comme il le souhaitait et de pénétrer sa pensée chaque jour davantage. Il était autant et plus que tout ce que j'ai pu rêver au moment de notre union. Constamment grandissait mon admiration pour ses qualités exceptionnelles, d'un niveau si rare et si élevé, qu'il m'apparaissait parfois comme un être presque unique, par son détachement de toute vanité et de ces petitesses qu'on découvre chez soi-même et chez les autres, et que l'on juge avec indulgence, non sans aspirer à un idéal plus parfait.

C'était là, sans doute, le secret du charme infini qui se dégageait de lui et auquel on ne pouvait guère rester insensible. Sa figure pensive et la clarté de son regard exerçaient un grand attrait. Cette impression s'augmentait ensuite en raison de sa bienveillance et de la douceur de son caractère. Il lui arrivait de

dire qu'il ne se sentait point combatif; et cela était
entièrement vrai. On n'eût pu entamer une dispute
avec lui, car il ne savait pas se fâcher. « Je ne suis
pas très fort pour me mettre en colère, » disait-il en
souriant. S'il avait peu d'amis, il n'avait point
d'ennemis, car il ne lui arrivait jamais d'être blessant,
même par inadvertance. Pourtant, on ne pouvait
guère le faire dévier de sa ligne d'action, ce qu'exprimait son père en lui donnant le nom de « doux
entêté ».

Quand il exprimait son opinion, il le faisait toujours avec franchise, car il était convaincu que les
procédés diplomatiques sont, en général, puérils, et
que la voie directe est à la fois la plus simple et la
meilleure. Il acquit, par là, une certaine réputation
de naïveté ; en réalité, il agissait ainsi par volonté
réfléchie plutôt que par instinct. C'est peut-être
parce qu'il savait se juger et se recueillir en lui-même
qu'il était parfaitement capable d'apprécier avec
lucidité les mobiles d'action, les intentions et les
pensées des autres, et s'il pouvait négliger des détails,
il se trompait rarement sur le fond. Le plus souvent
il réservait pour lui ce jugement si sûr, mais il
l'exprimait sans réticence quand il en avait pris la
décision, avec la certitude de faire un acte utile.

Dans ses relations scientifiques, il n'avait aucune
âpreté et ne se laissait pas influencer par l'amour-
propre et le sentiment personnel. Tout beau succès
lui faisait plaisir, même dans un domaine où il
s'attendait à avoir la priorité. Il disait : « Qu'importe
que je n'aie pas publié tel travail si un autre le
publie », et pensait qu'en matière de science l'on

doit s'intéresser aux choses et non aux personnes. Toute idée d'émulation était si contraire à son sentiment, qu'il la condamnait même sous la forme de concours ou de classement dans les lycées, aussi bien que sous la forme de distinctions honorifiques. Ses conseils et ses encouragements ne faisaient jamais défaut à ceux qu'il croyait aptes au travail scientifique, et certains lui en conservent une profonde reconnaissance.

Si son attitude était celle d'un homme d'élite ayant atteint le plus haut sommet de la civilisation, ses actes étaient ceux d'un homme vraiment bon, doué d'un sentiment de solidarité humaine intimement lié à sa formation intellectuelle, plein de compréhension et d'indulgence. On le trouvait toujours disposé à aider dans la mesure de ses moyens toute personne dans une situation difficile, et même à employer pour cela une partie de son temps, ce qui pour lui était le plus grand des sacrifices. Son désintéressement était si spontané qu'on songeait à peine à le remarquer, les moyens matériels ne pouvant servir, à son point de vue, qu'à assurer, en dehors d'une existence simple, la possibilité d'aider les autres et de travailler selon ses goûts.

Que dire enfin de son amour pour les siens et de ses qualités d'ami ? Son amitié qu'il donnait rarement était sûre et fidèle, car elle reposait sur une communauté d'idées et d'opinions. Plus rare encore a été le don de son affection, mais combien ce don a été complet envers son frère et envers moi-même ! Sa réserve coutumière pouvait céder à un abandon qui laissait s'établir l'harmonie et la confiance. Sa tendresse était le plus exquis des bienfaits, sûre et secourable, pleine de douceur et de sollicitude. Il était bon d'en être entouré, il était cruel de la perdre après avoir vécu dans un milieu qui en était tout imprégné. Laissons-lui la parole pour dire comment il savait se donner : « Je pense à ma chérie qui remplit ma vie, et je voudrais avoir des facultés nouvelles ; il me semble qu'en concentrant mon esprit exclusivement sur toi, comme je viens de le faire, je devrais arriver à te voir, à suivre ce que tu fais et aussi à te faire sentir que je suis tout à toi en ce moment, mais je n'arrive pas à avoir une image ».

Ainsi se termine une lettre qu'il m'écrivit pendant une des courtes périodes où nous étions séparés.

Nous n'avions pas lieu d'avoir une très grande confiance dans notre santé et dans nos forces souvent mises à de dures épreuves ; de temps en temps, comme il arrive pour ceux qui savent le prix de la vie commune, la crainte de l'irréparable venait nous effleurer. Alors son simple courage l'amenait toujours à la même conclusion : «Quoi qu'il arrive, et dût-on être comme un corps sans âme, il faudrait travailler tout de même ».

CHAPITRE V

LE RÊVE DEVENU RÉALITÉ. — LA DÉCOUVERTE DU RADIUM.

J'ai rappelé plus haut qu'en 1897 Pierre Curie s'occupait d'un travail sur la croissance des cristaux. J'avais terminé à l'entrée des vacances une étude de l'aimantation des aciers trempés, qui nous avait procuré une petite subvention de la Société d'encouragement pour l'Industrie nationale. Notre fille Irène était née en septembre, et aussitôt rétablie, je repris le travail de laboratoire avec l'intention de préparer une thèse de doctorat.

Notre attention était attirée par un phénomène curieux découvert en 1896 par Henri Becquerel. La découverte des rayons X par Roentgen excitait alors les imaginations, et plusieurs physiciens cherchaient si des rayons semblables n'étaient pas émis par les corps fluorescents, sous l'action de la lumière. Henri Becquerel étudiait à ce point de vue les sels d'urane, et, ainsi qu'il arrive parfois, trouva un phénomène différent de celui qu'il cherchait : l'émission spontanée par les sels d'urane de rayons d'une nature particulière. Ce fut la découverte de la *radioactivité*.

Voici en quoi consiste le phénomène découvert

par Becquerel : un composé d'urane placé sur une plaque photographique entourée de papier noir produit sur celle-ci une impression analogue à celle que pourrait faire la lumière. L'impression est due aux *rayons uraniques* qui traversent le papier. Ces mêmes rayons peuvent, comme les rayons X, produire la décharge d'un électroscope, en rendant conducteur l'air qui l'entoure.

Henri Becquerel s'est assuré que ces propriétés ne dépendent pas d'une insolation préliminaire, et qu'elles persistent quand le composé d'urane est conservé dans l'obscurité pendant plusieurs mois. Il y avait donc lieu de se demander d'où provenait l'énergie, très minime, il est vrai, dégagée constamment par les composés d'urane sous forme de radiations.

L'étude de ce phénomène nous parut très attrayante, et cela d'autant plus que la question, entièrement nouvelle, ne comportait aucune bibliographie. Je me décidai à entreprendre un travail sur ce sujet.

Il fallait trouver une place pour installer ces expériences. Pierre Curie obtint du directeur de l'Ecole l'autorisation d'utiliser un atelier vitré situé au rez-de-chaussée, servant de magasin et de salle de machines.

Pour étendre les résultats obtenus par Becquerel, il était nécessaire d'employer une méthode quantitative précise. Le phénomène se prêtant le mieux à la mesure était la conductibilité provoquée dans l'air par les rayons de l'uranium ; ce phénomène qui porte le nom *d'ionisation* se produit aussi avec les rayons

X, et les recherches faites à ce sujet venaient d'en faire connaître les caractères principaux.

Pour mesurer les courants très faibles que l'on peut faire passer dans l'air ionisé par les rayons de l'uranium, j'avais à ma disposition une méthode excellente étudiée et appliquée par Pierre et Jacques Curie, méthode qui consiste à compenser sur un électromètre sensible la quantité d'électricité apportée par le courant, par celle que peut fournir un quartz piézoélectrique. L'installation se composait donc d'un électromètre Curie, d'un quartz piézoélectrique et d'une *chambre d'ionisation;* celle-ci était formée par un condensateur à plateaux, dont le plateau supérieur était relié à l'électromètre tandis que le plateau inférieur, chargé à un potentiel connu, était recouvert d'une couche mince de la substance examinée. Cette installation électrométrique n'était guère à sa place dans le local encombré et humide où il a fallu la placer.

Mes expériences ont montré que le rayonnement des composés d'urane peut se mesurer avec précision dans des conditions déterminées, et que ce rayonnement est une propriété *atomique* de l'élément uranium ; son intensité est proportionnelle à la quantité d'uranium contenue dans un composé, et ne dépend ni de l'état de combinaison chimique, ni de circonstances extérieures, telles que l'éclairement ou la température.

J'entrepris alors de rechercher s'il existait d'autres éléments possédant la même propriété, et j'examinai dans ce but tous les éléments alors connus, soit à l'état pur, soit à l'état de composés. J'ai trouvé que, parmi ces corps, les composés de thorium sont les seuls qui émettent des rayons analogues à ceux de l'uranium. Le rayonnement du thorium. a une intensité du même ordre que celui de l'uranium et constitue de même une propriété atomique de l'élément.

Il devint dès lors nécessaire de trouver un terme nouveau pour définir la propriété nouvelle de la matière manifestée par les éléments uranium et thorium. Je proposai le nom de *radioactivité* qui a été depuis généralement adopté; les éléments radioactifs ont été nommés *radioéléments*.

Au cours de ma recherche, j'ai eu l'occasion d'examiner non seulement des composés simples,. sels et oxydes, mais aussi un grand nombre de minéraux. Certains d'entre eux se sont montrés radioactifs ; c'étaient ceux qui contenaient de l'uranium et du thorium, mais leur radioactivité paraissait anormale, car elle était beaucoup plus forte que celle que l'on aurait pu prévoir d'après la teneur en uranium ou en thorium.

Cette anomalie ne manqua pas de nous causer une grande surprise ; quand je fus bien certaine qu'il ne s'agissait pas d'une erreur d'expérience, il devint nécessaire de trouver une explication. Je fis alors l'hypothèse que les minéraux d'uranium et de thorium contenaient en petite quantité une substance beaucoup plus fortement radioactive que l'uranium ou le thorium ; cette substance ne pouvait faire partie des éléments connus, puisque tous ceux-ci avaient été examinés ; ce devait donc être un élément chimique nouveau.

Il y avait un intérêt passionnant à vérifier cette hypothèse aussi rapidement que possible. Vivement intéressé par la question, Pierre Curie abandonna son travail sur les cristaux — provisoirement, croyait-il — et se joignit à moi pour la recherche de la nouvelle substance.

Le minerai choisi par nous était la pechblende, minerai d'urane qui, à l'état pur est environ quatre fois plus actif que l'oxyde d'urane.

La composition de ce minerai étant connue par des analyses chimiques assez précises, on pouvait s'attendre à y trouver au maximum un pour cent de substance nouvelle. La suite de notre travail montra qu'il y avait effectivement des radioéléments nouveaux dans la pechblende, mais que leur proportion n'atteignait même pas un millionième.

La méthode que nous avons employée est une *nouvelle méthode de recherche chimique basée sur la radioactivité*. Elle consiste à effectuer des séparations par les moyens ordinaires de l'analyse chimique, et à mesurer, dans des conditions convenables, la radioactivité de tous les produits séparés. De cette manière, on peut se rendre compte du caractère chimique de l'élément radioactif cherché ; celui-ci se concentre dans les portions qui deviennent de plus en plus radioactives à mesure que progresse la séparation. Nous avons pu reconnaître bientôt que la radioactivité se concentrait principalement dans deux fractions chimiques différentes, et nous avons été amenés à caractériser dans la pechblende la présence d'au moins deux radioéléments nouveaux : le *polonium* et le *radium*. Nous avons annoncé l'existence du polonium en juillet 1898 et celle du radium en décembre de la même année [1].

Malgré ce progrès relativement rapide, le travail était loin d'être achevé. Dans notre opinion, il y avait là, sans aucun doute, des éléments nouveaux, mais pour faire admettre cette opinion par les chimistes, il fallait isoler ces éléments. Or, dans nos produits les plus fortement radioactifs (plusieurs centaines de fois plus actifs que l'uranium), le polonium et le radium n'étaient encore qu'à l'état de traces ; le polonium se trouvait associé au bismuth extrait de la pechblende, et le radium accompagnait le baryum extrait du même minerai. Nous savions déjà par quelles méthodes on pouvait espérer séparer le polonium du bismuth et le radium du baryum, mais cette séparation exigeait des quantités de matières premières bien plus grandes que celles que nous avions traitées.

C'est dans cette période de notre travail que nous avons été fortement désavantagés par le manque de moyens convenables : manque de local, manque d'argent et de personnel.

La pechblende était un minerai coûteux et nous ne pouvions en acheter une quantité suffisante. La principale source de ce minerai était alors à Saint-Joachimsthal (Bohême), où se trouvait une mine exploitée par le gouvernement autrichien, en vue de l'extraction de l'uranium. D'après nos prévisions,

---

[1] Cette dernière publication a été faite en commun avec G. Bémont, qui avait collaboré à nos expériences.

tout le radium et une partie du polonium devaient se trouver dans les résidus de cette fabrication, résidus n'ayant alors aucune utilisation. Grâce à l'appui de l'Académie des Sciences de Vienne, nous avons pu nous procurer plusieurs tonnes de ce résidu dans des conditions avantageuses, et nous l'avons employé comme matière première. Pour subvenir aux frais du traitement, il nous a fallu d'abord prendre sur nos propres ressources ; nous eûmes ensuite quelques subventions et quelques concours extérieurs.

Une question particulièrement grave était celle du local ; nous ne savions où faire nos traitements chimiques. Il a fallu les organiser dans un hangar abandonné, séparé par une cour de l'atelier où était notre installation électrométrique. C'était une baraque en planches, au sol bitumé et au toit vitré, protégeant incomplètement contre la pluie, dépourvue de tout aménagement ; elle contenait pour tout matériel des tables de bois de sapin usées, un poêle en fonte dont le chauffage était très insuffisant et le tableau noir dont Pierre Curie aimait tant à se servir. Il ne s'y trouvait pas de hottes pour les traitements qui dégagent des gaz nuisibles ; il fallait donc exécuter ces opérations dans la cour quand le temps le permettait, sinon il fallait les faire à l'intérieur, laissant les fenêtres ouvertes.

Dans ce laboratoire de fortune, nous avons travaillé presque sans aide pendant deux ans, nous occupant en commun aussi bien du travail chimique, que de l'étude du rayonnement des produits de plus en plus actifs que nous obtenions. Ensuite, il a fallu séparer nos efforts ; Pierre Curie continua les recherches sur les propriétés du radium, tandis que je poursuivais les traitements chimiques en vue de la préparation de sels de radium purs. J'ai été amenée à traiter jusqu'à vingt kilogrammes de matière à la fois, ce qui avait pour effet de remplir le hangar de grands vases pleins de précipités et de liquides ; c'était un travail exténuant que de transporter les récipients, de transvaser les liquides et de remuer pendant des heures, au moyen d'une tige de fer, la matière en ébullition dans une bassine en fonte. J'extrayais du minerai le baryum radifère, et celui-ci à l'état de chlorure était soumis à une cristallisation fractionnée. Le radium s'accumulait dans les portions les moins solubles, et ce procédé devait mener à la séparation du chlorure de radium pur. Les opérations très délicates des dernières cristallisations étaient considérablement gênées, dans ce laboratoire si mal adapté, par les poussières de fer ou de charbon dont on ne pouvait se protéger suffisamment.

Les résultats obtenus après un an indiquaient clairement qu'il serait plus facile de séparer le radium que le polonium ; c'est pourquoi les efforts ont été concentrés de ce côté. Les sels de radium obtenus étaient soumis à des investigations ayant pour but l'étude de leurs effets. Des échantillons de ces sels furent prêtés par nous à plusieurs savants, en particulier à Henri Becquerel[1].

Je cite, à titre d'exemple, une lettre adressée à Pierre Curie par A. Paulsen, le remerciant pour les produits radioactifs prêtés dès l'année 1899.

Au cours des années 1899 et 1900, Pierre Curie publia, en commun avec moi, un mémoire sur la découverte de la radioactivité induite, provoquée par le radium ; un autre sur les effets produits par les rayons : effets lumineux, effets chimiques, etc.; un autre encore sur la charge électrique transportée par certains de ses rayons ; enfin, un rapport général sur les nouvelles substances radioactives et sur leurs radiations, pour le Congrès de physique qui a eu lieu à Paris en 1900. Il publia aussi une étude sur l'action du champ magnétique sur les rayons du radium.

Les travaux faits à cette époque par nous et quelques autres savants ont eu pour effet principal de faire connaître la nature des rayons émis par le radium et de montrer que ces rayons appartiennent à trois catégories différentes. Le radium émet un flot de corpuscules animés de grandes vitesses ; certains d'entre eux portent une charge positive et forment les rayons α; d'autres, beaucoup plus ténus, portent une charge négative et forment

Den Damke Nordlysexpedition.   Akureyi, 16 octobre 1899.
Monsieur et très honoré collègue,
Je vous remercie vivement de votre lettre du 1er août que j'ai reçue ici, à Akureyi, dans le nord de l'Islande.
Nous avons abandonné toutes les méthodes jusqu'ici employées pour établir sur un conducteur fixe le potentiel qui existe en certains points dans la masse d'air qui l'environne, en nous servant uniquement de votre poudre radiante....
...Agréez, monsieur et très honoré collègue, mes salutations respectueuses et mes remerciements renouvelés pour les grands services que vous avez rendus à mon expédition.
Adam PAULSEN.

les rayons β. Ces deux groupes sont influencés dans leur parcours par l'action d'un aimant. Un troisième groupe est constitué par les rayons γ, insensibles à l'action d'un aimant, et que l'on sait, aujourd'hui, être une radiation semblable à la lumière et aux rayons X.

Nous avons eu une joie particulière à observer que nos produits concentrés en radium étaient tous spontanément lumineux. Pierre Curie qui avait souhaité leur voir de belles colorations, dut reconnaître que cette particularité inespérée lui donnait une satisfaction supérieure à celle qu'il avait ambitionnée.

Le Congrès de 1900 nous fournit une occasion de faire connaître de plus près, aux savants étrangers, nos nouvelles matières radioactives. Celles-ci ont été un des points sur lesquels s'est principalement concentré l'intérêt du Congrès.

Nous étions, à cette époque, entièrement absorbés par le nouveau domaine qui s'ouvrait devant nous, grâce à une découverte aussi inespérée. Malgré les difficultés de nos conditions de travail, nous nous sentions très heureux. Nos journées s'écoulaient au laboratoire, et il nous arrivait d'y déjeuner fort simplement, en étudiants. Dans notre hangar si pauvre régnait une grande tranquillité ; parfois, en surveillant quelque opération, nous nous y promenions de long en large, causant de travail présent et futur ; quand nous avions froid, une tasse de thé chaud prise auprès du poêle nous réconfortait. Nous vivions dans une préoccupation unique, comme dans un rêve.

Il nous arrivait de revenir le soir après dîner pour

jeter un coup d'œil sur notre domaine. Nos précieux produits pour lesquels nous n'avions pas d'abri étaient disposés sur les tables et sur des planches ; de tous côtés on apercevait leurs silhouettes faiblement lumineuses, et ces lueurs qui semblaient suspendues dans l'obscurité nous étaient une cause toujours nouvelle d'émotion et de ravissement.

En principe, aucun service n'était dû à Pierre Curie par les employés de l'Ecole. Toutefois, le garçon de laboratoire qu'il avait eu à sa disposition pour les manipulations, quand il était chef de travaux, avait toujours continué à lui prêter son concours dans la mesure du temps dont il disposait. Ce brave homme, qui se nommait Petit, avait pour nous de l'affection et de la sollicitude ; bien des choses étaient rendues plus faciles grâce à sa bonne volonté et à l'intérêt qu'il prenait à notre succès.

Ainsi le travail sur la radioactivité débuta dans la solitude. Mais devant l'ampleur de la tâche, l'utilité d'une collaboration s'imposait de plus en plus. Déjà en 1898 un des chefs de travaux de l'Ecole, G. Bémont, nous avait apporté une aide passagère. Vers 1900, Pierre Curie entra en relation avec un jeune chimiste, André Debierne, préparateur chez Friedel qui le tenait en haute estime. Sur la proposition de Pierre Curie, A. Debierne accepta volontiers de s'occuper de travaux sur la radioactivité ; il entreprit, en particulier, la recherche d'un radioélément nouveau, dont l'existence était soupçonnée dans le groupe du fer et des terres rares. Il fit la découverte de cet élément nommé *actinium*. Bien que travaillant au laboratoire de chimie physique de la

Sorbonne, dirigé par Jean Perrin, il venait nous voir fréquemment dans notre hangar, et devint bientôt un ami très proche pour nous, pour le docteur Curie et plus tard pour nos enfants.

Vers la même époque, un jeune physicien, Georges Sagnac, engagé dans l'étude des rayons X, venait fréquemment s'entretenir avec Pierre Curie des analogies qu'on pouvait prévoir entre ces rayons, leurs rayons secondaires, et le rayonnement des corps radioactifs. Ils firent en commun un travail sur la charge électrique transportée par ces rayons secondaires.

En dehors des relations avec nos collaborateurs, nous ne voyions que peu de personnes au laboratoire ; parmi les physiciens et les chimistes, l'un ou l'autre venait de temps en temps, soit pour voir nos expériences, soit pour demander quelque conseil ou quelque renseignement à Pierre Curie, dont la compétence dans plusieurs branches de physique était bien connue. C'étaient alors des conversations devant le tableau noir, de celles dont on conserve un excellent souvenir parce qu'elles agissent comme un stimulant sur l'intérêt scientifique et sur l'ardeur au travail, sans interrompre le cours des réflexions et sans troubler cette atmosphère de paix et de recueillement qui est la véritable atmosphère d'un laboratoire.

CHAPITRE VI

LA LUTTE POUR LES MOYENS DE TRAVAIL. — LE FARDEAU DE LA CÉLÉBRITÉ. — PREMIER EFFORT DE L'ETAT. — IL EST TROP TARD.

Malgré notre désir de concentrer tout notre effort sur le travail dans lequel nous étions engagés, et malgré la modicité de nos besoins, nous dûmes reconnaître vers 1900 qu'une augmentation de nos ressources devenait indispensable. Pierre Curie se faisait d'ailleurs peu d'illusions sur ses chances d'obtenir à Paris une des chaires importantes, qui, sans être largement rétribuées, permettaient alors à une famille peu exigeante de subsister sans revenu supplémentaire. N'ayant passé ni par l'Ecole normale, ni par l'Ecole polytechnique, il manquait de l'appui souvent décisif que ces grandes Ecoles donnent à leurs élèves; des postes auxquels il eût pu prétendre en raison de ses travaux, furent attribués sans qu'on songeât seulement à la possibilité de sa candidature. Au début de 1898, il demanda sans succès la chaire de chimie-physique, devenue vacante à la mort de Salet, et cet échec le confirma dans l'opinion qu'il n'avait pas de chance d'avancement. Il obtint, cependant, en mars 1900, le poste de répétiteur à l'Ecole polytechnique, qu'il ne conserva, d'ailleurs, que six mois.

En été 1900, il lui vint une proposition inespérée : une chaire de physique lui était offerte par l'Université de Genève. Le doyen de cette Université lui communiqua cette offre de la manière la plus cordiale, en insistant sur ce fait que son Université était disposée à faire un effort exceptionnel pour s'attacher un savant aussi estimé ; les avantages envisagés étaient un traitement supérieur au taux normal, la promesse du développement du Laboratoire de physique pour les besoins de nos travaux et une situation officielle pour moi dans ce Laboratoire. Cette proposition méritait l'examen le plus attentif ; nous fîmes donc une visite à l'Université de Genève, dont l'accueil fut aussi encourageant que possible.

La décision qu'il s'agissait de prendre était pour nous d'une gravité considérable. Genève nous offrait une bonne situation matérielle avec une possibilité de vie tranquille, comparable à la vie de campagne. Pierre Curie fut donc très tenté d'accepter, et c'est l'intérêt immédiat de nos recherches sur le radium qui lui fit prendre finalement la décision opposée. Il craignait, en effet, l'interruption de ces recherches nécessitée par le changement de situation.

Une chaire de physique était alors libre dans l'enseignement du P. C. N. ; il la demanda et fut nommé chargé de cours, grâce à l'appui d'Henri Poincaré qui tenait à lui éviter l'obligation de quitter la France. En même temps, j'étais chargée de Conférences de physique à l'Ecole normale supérieure des jeunes filles, à Sèvres.

Ainsi nous restions à Paris avec un revenu augmenté. Par contre, nos conditions de travail étaient

devenues plus difficiles. Pierre Curie avait la charge
d'un double enseignement ; celui du P. C. N. le
fatiguait en raison du très grand nombre d'élèves.
De mon côté, je devais consacrer beaucoup de temps
à la préparation de mes Conférences à Sèvres et à
l'organisation des manipulations que je jugeais très
insuffisantes.

Il n'existait point de laboratoire attaché aux nouvelles fonctions de Pierre Curie ; un petit bureau et
une salle de travail unique était tout ce dont il disposait dans l'annexe de la Sorbonne destinée à l'enseignement du P. C. N., et située 12, rue Cuvier. Et
pourtant Pierre Curie avait le besoin absolu de travailler lui-même, et de plus, dans sa nouvelle situation à la Sorbonne, il avait la ferme volonté de recevoir et de faire travailler des élèves, ainsi que l'exigeait d'ailleurs l'extension rapide des recherches sur
la radioactivité. Il commença donc des démarches
en vue de l'augmentation du local disponible. Ceux
qui ont fait des démarches semblables savent les
difficultés financières et administratives auxquelles
on se heurte, et se souviennent du nombre considérable de lettres officielles, de visites et de réclama-
tions indispensables pour obtenir le moindre avantage. Pierre Curie en était extrêmement fatigué et
découragé. Il devait, de plus, circuler constamment
entre le P. C. N. et le hangar que nous occupions
toujours à l'Ecole de physique

D'ailleurs notre travail ne pouvait plus progresser
qu'avec l'aide de moyens industriels pour le traitement
de la matière première. Cette question a été résolue
grâce à des expédients et à des concours bénévoles

Dès 1899, Pierre Curie réussit à organiser un premier essai de traitement industriel, en utilisant une installation de fortune, facilitée par la Société Centrale de produits chimiques, avec laquelle il était en relations pour la construction de ses balances. Les détails techniques ont été mis au point, d'une manière très heureuse, par A. Debierne, et les opérations conduisirent à un bon résultat, bien qu'il ait fallu former un personnel pour ce travail chimique demandant des précautions spéciales.

Comme nos travaux avaient déterminé un mouvement scientifique général, des essais analogues furent entrepris à l'étranger. Pierre Curie adopta, en cette circonstance, l'attitude la plus désintéressée et la plus libérale. D'accord avec moi, il renonça à tirer un profit matériel de notre découverte : en conséquence, nous n'avons pris aucun brevet et nous avons publié, sans aucune réserve, tous les résultats de nos recherches, ainsi que les procédés de préparation du radium. Nous avons, de plus, donné aux intéressés tous les renseignements qu'ils sollicitaient. Cela a été un grand bienfait pour l'industrie du radium, laquelle a pu se développer en toute liberté, d'abord en France, puis à l'étranger, fournissant aux savants et aux médecins les produits dont ils avaient besoin. Cette industrie utilise, d'ailleurs, encore aujourd'hui presque sans modifications, les procédés que nous avions indiqués [1]

Bien que notre traitement industriel ait donné de bons résultats, il nous était difficile de le continuer

---

[1] Lors de mon récent voyage en Amérique, où un gramme de radium m'a été généreusement remis en don par les femmes

avec le peu de moyens dont nous disposions. S'inspi-
rant de cet essai, un industriel français, Armet de Lisle,
eut en 1904 l'idée qui pouvait paraître hardie à cette
époque, de fonder une véritable usine de radium,
pour fournir cette matière aux médecins dont l'intérêt était éveillé par les travaux qui venaient de paraître sur ses effets biologiques et ses applications
thérapeutiques. Le projet a été mis en exécution
avec succès, grâce à l'emploi de collaborateurs déjà
formés auprès de nous pour cette fabrication délicate, en particulier F. Haudepin et J. Danne. Le
radium a donc été régulièrement mis en vente, à
un prix élevé, il est vrai, en raison des conditions
spéciales de cette industrie et des prix, aussitôt
augmentés, des minéraux exploitables [2]. Il convient
d'apprécier le sentiment qui engagea Armet de Lisle
à nous offrir son concours, et de mettre à notre disposition, d'une manière entièrement désintéressée, un
petit local appartenant à son usine et une partie des
moyens nécessaires pour y travailler. D'autres moyens
ont été fournis soit par nous-mêmes, soit par des subventions, dont la plus importante, accordée en 1902
par l'Académie des sciences, se montait à 20.000 francs.

C'est ainsi que le minerai que nous possédions a été

américaines, la «Buffalo Society of Natural Sciences» m'a
offert en souvenir une publication relative au développement
de l'industrie du radium aux Etats-Unis, accompagnée de
reproductions photographiques des lettres dans lesquelles
Pierre Curie avait répondu de la manière la plus complète
aux questions posées par les ingénieurs américains (1902 et
1903).

[2] Le prix du milligramme de radium élément était alors
fixé à 750 francs environ.

utilisé peu à peu pour la préparation d'une certaine quantité de radium, qui a été constamment utilisée pour nos recherches. Le baryum radifère était extrait à l'usine, et je m'occupais au laboratoire de la purification et de la cristallisation fractionnée. J'ai réussi à préparer en 1902 un décigramme de chlorure de radium pur ne donnant plus que le spectre de l'élément nouveau radium. J'ai fait une première détermination du poids atomique, très supérieur à celui du baryum. Ainsi l'individualité chimique du radium se trouvait entièrement établie, et la réalité des radioéléments était désormais un fait acquis sans controverse possible.

Ce travail m'a servi de thèse de doctorat, présentée en 1903.

Plus tard, la quantité de radium extraite pour le laboratoire a été augmentée ; en 1907, j'ai pu faire une deuxième détermination plus précise du poids atomique (225,35) ; on admet actuellement le nombre 226. J'ai pu aussi, en commun avec A. Debierne, obtenir le radium à l'état de métal. La quantité de radium finalement préparée, et donnée par moi au laboratoire, d'accord avec les intentions de Pierre Curie, dépasse un gramme de radium-élément.

L'activité du radium pur a été reconnue supérieure à toutes nos prévisions. A poids égal, cette substance émet un rayonnement plus d'un million de fois plus intense que l'uranium. En revanche, la quantité de radium contenue dans les minéraux d'urane ne dépasse guère trois décigrammes de radium par tonne d'uranium. Il y a une connexion étroite entre ces deux substances ; on sait aujourd'hui que le radium se produit aux dépens de l'uranium dans les minerais.

Les années qui suivirent sa nomination au P. C. N. ont été dures pour Pierre Curie ; il lui fallait faire face aux nombreux soucis d'une organisation de travail compliquée, alors qu'il ne pouvait être heureux qu'en concentrant son effort sur un sujet déterminé. La fatigue physique due aux nombreuses courses auxquelles il était obligé lui était d'autant plus pénible qu'il souffrait de crises de douleurs aigues, rendues de plus en plus fréquentes par le surmenage.

C'était donc pour lui un besoin vital de voir alléger sa tâche professionnelle, afin d'épargner ses forces et de préserver sa santé. Il se décida à demander la chaire de minéralogie devenue vacante à la Sorbonne, pour laquelle il était entièrement qualifié, en raison de ses connaissances approfondies et des travaux importants qu'il avait publiés sur les théories de la physique cristalline. Il ne fut cependant pas nommé.

Pendant cette période pénible, il réussit néanmoins, par un effort véritablement surhumain, à mener à bien et à publier plusieurs recherches faites seul ou en collaboration :

Recherches sur la radioactivité induite (en collaboration avec A. Debierne);

Recherches sur le même sujet (en collaboration avec J. Danne);

Recherches sur la conductibilité provoquée dans les diélectriques liquides par les rayons du Radium et les rayons de Rœntgen;

Recherches sur la loi de décroissance de l'émanation du radium et sur les constantes radioactives qui caractérisent cette émanation et son dépôt actif;

Découverte du dégagement de chaleur produit par le radium (en collaboration avec A. Laborde) ;

Recherches sur la diffusion de l'émanation du radium dans l'air (en collaboration avec J. Danne);

Recherches sur la radioactivité des gaz des sources thermales (en collaboration avec A. Laborde);

Recherches sur les effets physiologiques des rayons du radium (en commun avec Henri Becquerel);

Recherches sur l'action physiologique de l'émanation du radium (en commun avec Bouchard et Balthazard) ;

Sur un appareil pour la détermination des constantes magnétiques (en commun avec C. Chéneveau).

Toutes ces recherches sur la radioactivité sont fondamentales et s'adressent à des sujets très variés. Plusieurs ont pour but l'étude de *l'émanation*, ce corps gazeux étrange que produit le radium, et qui est responsable, pour une forte part, du rayonnement intense, communément attribué à ce dernier. Pierre Curie mit en évidence, dans une étude approfondie, la loi rigoureuse et invariable, suivant laquelle l'émanation se détruit quelles que soient les conditions dans lesquelles elle se trouve. Aujourd'hui, l'émanation du radium, récoltée dans de fines ampoules, est couramment employée par les médecins comme agent thérapeutique; des considérations techniques font fréquemment préférer son emploi à l'utilisation directe du radium, et nul médecin ne peut alors se dispenser de consulter le tableau numérique qui lui dit combien il a disparu chaque jour de cette émanation, pourtant cloîtrée dans sa prison de verre.

C'est cette même émanation qui se trouve en petite quantité dans des eaux minérales et qui peut intervenir dans leurs effets curatifs.

Plus frappante encore a été la découverte du dégagement de chaleur du radium. Sans s'altérer en apparence, ce corps dégage en chaque heure une quantité de chaleur plus que suffisante pour fondre son propre poids de glace. Bien protégé contre la déperdition extérieure, le radium s'échauffe, et sa température peut s'élever de 10° et davantage au-dessus de celle du milieu ambiant. C'était un défi à l'expérience scientifique contemporaine.

On ne peut, enfin, passer sous silence, en raison de leurs répercussions, les expériences relatives aux effets physiologiques du radium.

Dans le but de contrôler ces effets qui venaient d'être annoncés par F. Giesel, Pierre Curie a exposé volontairement son bras à l'action du radium pendant quelques heures. Il en est résulté une lésion semblable à une brûlure, qui se développa progressivement et mit plusieurs mois à guérir. Henri Becquerel eut une brûlure analogue par accident, alors qu'il transportait dans une poche de gilet un tube de verre contenant un sel de radium. Il vint nous raconter le résultat néfaste produit par le radium et s'écria d'un air à la fois ravi et contrarié : « Je l'aime, mais je lui en veux ».

Comprenant l'intérêt considérable de ces résultats, Pierre Curie entreprit, en collaboration avec des médecins, l'étude citée ci-dessus, faite sur des

animaux soumis à l'action de l'émanation du radium.
Ces recherches ont été le point de départ de la radium-
thérapie. Les premiers essais de traitement par le
radium ont été faits avec des produits prêtés par
Pierre Curie et avaient pour objet la guérison du
lupus et autres lésions de la peau. Ainsi la radium-
thérapie, branche importante de la médecine, fréquemment désignée sous le nom de *curiethérapie*, a
pris naissance en France et a été développée tout
d'abord par les travaux de médecins français (Danlos,
Wickham, Dominici, Degrais, etc.[1]).

Cependant, la grande impulsion qui avait été
donnée à l'étude de la radioactivité à l'étranger,
détermina une succession rapide de découvertes
nouvelles. Plusieurs savants s'étaient engagés dans
la recherche de radioéléments nouveaux, suivant la
méthode nouvelle d'analyse chimique, avec l'aide
du rayonnement, que nous avions inaugurée. Ainsi
ont été trouvés : le *mésothorium* qu'utilisent maintenant les médecins et qui fait l'objet d'une fabrication
industrielle : le *radiothorium*, l'*ionium*, le *protacti-
nium*, le *radioplomb* et autres substances solides.
Actuellement, nous connaissons, en tout, environ

[1] Ces derniers ont bénéficié du concours de l'industriel
Armet de Lisle, qui mit à leur disposition le radium nécessaire
pour les premiers essais ; il fonda, de plus, en 1906, un laboratoire d'études cliniques, pourvu d'une dotation de radium,
et subventionna la première publication spéciale consacrée
à la radioactivité et aux applications, sous le nom du journal :
Le Radium, dirigé par J. Danne. Il y a là un exemple d'appui
bénévole de l'industrie à la science, bien rare encore actuellement, mais que l'on aimerait voir généralisé, dans l'intérêt
commun de ces deux branches d'activité humaine.

trente radioéléments, (parmi lesquels trois gaz ou éma
tions), mais, entre tous, le radium joue toujours le
rôle le plus important, grâce à l'intensité considérable de son rayonnement qui ne s'affaiblit au cours des
années qu'avec une lenteur extrême.

L'année 1903 a été particulièrement importante
dans l'évolution de la nouvelle science. En France, le
travail sur le radium, élément chimique nouveau,
venait d'être achevé, et Pierre Curie mettait en évidence le surprenant dégagement de chaleur auquel
donne lieu cet élément, tout en restant en apparence
inaltéré. En Angleterre, Ramsay et Soddy annon-
çaient une grande découverte : ils constataient que
le *radium donne lieu à une production continue de gaz
hélium*, et cela dans des conditions qui obligent à
croire à une transformation atomique. Si, en effet,
un sel de radium fondu est conservé pendant quelque
temps dans un tube de verre scellé, complètement
vide d'air, on peut, en fondant le sel à nouveau,
lui faire dégager une petite quantité d'hélium, facile
à mesurer et à reconnaître à l'aspect de son spectre.
Cette expérience fondamentale a reçu des confirma-
tions nombreuses ; elle nous offre le premier exemple
d'une transformation d'atomes, indépendante, il est
vrai, de notre volonté, mais pourtant réduisant à
néant la théorie de la fixité absolue de l'édifice atomique.

Tous ces faits, ainsi que quelques autres précédemment connus, ont fait l'objet d'une synthèse de
la plus haute valeur, œuvre de E. Rutherford et F.
Soddy, qui ont proposé une théorie des transforma-
tions radioactives, aujourd'hui universellement adop-

tée. D'après cette théorie, tout radioélément, même quand il paraît inaltéré, est en voie de transformation spontanée, et plus la transformation est rapide, plus le rayonnement est intense [1].

Un atome radioactif peut se transformer de deux manières : il peut expulser de son intérieur un atome d'hélium qui, lancé avec une vitesse énorme et avec une charge positive, constitue un rayon α ; ou bien, il peut détacher de sa structure un fragment beaucoup plus petit, un de ces électrons auxquels nous a habitués la physique moderne, et dont la masse, 1800 fois plus petite que celle d'un atome d'hydrogène, quand la vitesse est modérée, grandit démesurément quand la vitesse devient voisine de celle de la lumière ; ces électrons qui portent une charge négative forment les rayons β. Quel que soit le fragment détaché, l'atome résiduel ne ressemble plus à l'atome primitif ; ainsi quand l'atome de radium a expulsé un atome d'hélium, le résidu est un atome gazeux d'émanation. Ce résidu se transforme à son tour, et le processus ne s'arrête qu'en atteignant un dernier résidu qui est stable et n'émet aucun rayonnement. La matière stable est de la matière inactive.

Les rayons α et β résultent ainsi de la fragmentation des atomes ; les rayons γ sont une radiation analogue à la lumière qui accompagne le cataclysme de la transformation atomique. Ils sont très

---

[1] L'hypothèse d'après laquelle la radioactivité est liée à la transformation atomique des éléments, avait été envisagée par Pierre Curie et par moi, à côté d'autres hypothèses possibles, avant d'avoir été utilisée par E. Rutherford et F. Soddy (*Revue Scientifique* 1900, M^mo Curie, etc.).

pénétrants, et ce sont eux que l'on utilise le plus souvent dans les méthodes thérapeutiques jusqu'ici élaborées [1].

Ainsi les radioéléments forment des familles, dont chaque membre dérive d'un membre précédent par filiation directe, et dont les éléments primaires sont l'uranium et le thorium. On peut, en particulier, établir que le radium est un descendant de l'uranium et le polonium un descendant du radium. Puisque chaque radioélément se détruit en même temps qu'il est formé par la substance mère, il ne peut s'accumuler en présence de celle-ci que jusqu'à une proportion limite déterminée, et c'est ainsi que le rapport du radium à l'uranium est constant dans les minéraux très anciens inaltérés.

La destruction spontanée des radioéléments a lieu suivant une loi fondamentale, dite *loi exponentielle*, d'après laquelle la quantité de chaque radioélément diminue de moitié en un temps toujours le même, nommé *période*, et susceptible de caractériser sans ambiguïté l'élément considéré. Ces périodes, qui ont pu être mesurées par diverses méthodes, sont très variées. La période de l'uranium est de quelques milliards d'années, celle du radium d'environ 1600 ans, celle de son émanation d'un peu moins de quatre jours, et parmi les descendants suivants il en est dont la période est une petite fraction de seconde. La loi exponentielle a un sens philosophique profond;

---

[1] L'emploi de l'énergie individuelle des rayons α a permis à E. Rutherford d'obtenir récemment la rupture de certains atomes légers tels que ceux de l'azote.

elle indique que la transformation se produit *suivant les règles du hasard*. Les raisons qui déterminent la transformation sont restées mystérieuses, et l'on ne sait encore si elles dérivent de causes extérieures à l'atome ou de considérations d'instabilité interne. En tout cas, aucune action extérieure ne s'est montrée efficace jusqu'à présent pour influencer la transformation.

Cette succession rapide de découvertes bouleversant les conceptions scientifiques acquises par la physique et la chimie, n'a pas été sans rencontrer tout d'abord des doutes et de l'incrédulité, mais une grande partie du monde scientifique l'accueillit avec enthousisame. En même temps, la notoriété de Pierre Curie grandit en France et à l'étranger. Déjà en 1901, l'Académie des sciences lui avait accordé le prix Lacaze. En 1902, Mascart qui lui avait bien des fois prêté un appui précieux, l'engagea à poser sa candidature à l'Académie des Sciences ; Pierre Curie ne se décida qu'avec difficulté, son opinion étant que l'Académie devait élire ses membres sans que ceux-ci aient à solliciter leur élection et à faire des visites. Il se présenta néanmoins, sous l'insistance amicale de Mascart, mais surtout en considération de ce fait que la Section de physique de l'Académie s'était déclarée unanime en sa faveur. Malgré cela, sa candidature échoua, et c'est seulement en 1905 qu'il devint membre de l'Institut, dont il ne fit même pas partie pendant une année.

Au cours de l'année 1903, Pierre Curie se rendit avec moi à Londres, sur l'invitation de la Royal Institution, pour y faire une conférence sur le radium.

Une réception très enthousiaste lui fut faite à cette occasion. Il a été heureux de revoir en cette circonstance lord Kelvin, qui lui avait toujours témoigné de l'affection et qui, déjà très âgé à cette époque, avait un intérêt toujours jeune pour la science. L'illustre savant montrait avec une satisfaction touchante une ampoule de verre contenant un grain de sel de radium qui lui avait été donnée par Pierre Curie. Nous avons rencontré aussi d'autres savants célèbres : Crookes, Ramsay, J. Dewar ; Pierre Curie publia, en collaboration avec ce dernier, un travail sur le dégagement de chaleur par le radium aux très basses températures, ainsi que sur la formation d'hélium dans les sels de radium.

Quelques mois plus tard, la médaille Davy lui était décernée (en commun avec moi) par la Société Royale de Londres, et presque en même temps nous obtenions, en commun avec Henri Becquerel, le prix Nobel de physique. Des considérations de santé nous empêchèrent de nous rendre à la cérémonie de la remise de ce prix en décembre, et c'est seulement au mois de juin 1905 que nous avons pu aller à Stockholm, et que Pierre Curie y a fait sa conférence Nobel. L'accueil que nous avons reçu a été plein de sympathie, et nous avons pu admirer l'aspect du pays dans l'éclat des beaux jours d'été.

L'attribution du prix Nobel a été pour nous u événement important en raison du prestige qui s'attachait à la fondation Nobel, encore récente (1901). Au point de vue pécuniaire, la moitié du prix représentait une somme sérieuse. Pierre Curie put désormais se faire remplacer dans son enseignement à l'Ecole de physique par Paul Langevin, un de ses anciens élèves, et physicien de grande compétence[1]. Il prit aussi un préparateur particulier pour l'aider dans ses travaux.

Toutefois la publicité déterminée par cet heureux événement pesa aussitôt très lourdement sur un homme qui n'y était ni préparé, ni habitué. Ce fut une avalanche de visites, de lettres, de demandes d'articles et de conférences, causes constantes de perte de temps, d'énervement et de fatigue. Il était bienveillant et n'aimait pas répondre à une demande par un refus ; mais, d'autre part, il se rendait compte qu'il ne pouvait céder aux sollicitations qui l'accablaient, sans conséquences funestes pour sa santé, pour la paix de son esprit et pour son travail. Dans une lettre à Ch.-Ed. Guillaume, il disait : « On nous demande des articles et des conférences, et quand plusieurs années se seront écoulées, ceux-là même qui nous les demandent s'étonneront de voir que nous n'avons pas travaillé ».

Voici comment il s'exprimait dans d'autres lettres de la même époque, adressées à E. Gouy qui a bien voulu me les communiquer, ce dont je le remercie sincèrement.

20 mars 1902.

Comme vous avez pu voir, la fortune nous favorise en ce moment, mais ces faveurs de la fortune ne vont

---

[1] On doit à P. Langevin deux articles étendus sur la vie et l'œuvre de Pierre Curie; le premier a paru dans l'*Annuaire de l'Association des Anciens Elèves de l'Ecole de Physique et de Chimie* (1904), le second dans la *Revue du Mois* (1906)·

pas sans de nombreux tracas. Jamais nous n'avons
été moins tranquilles qu'en ce moment. Il y a des
jours où nous n'avons pas le temps de souffler. Et dire
que nous avons rêvé vivre en sauvages loin des êtres
humains.

22 JANVIER 1904.

Mon cher ami, je voulais vous écrire depuis bien
longtemps ; excusez-moi si je ne l'ai pas fait. Cela tient
à la vie stupide que je mène en ce moment. Vous avez
vu cet engouement subit pour le radium. Cela nous
a valu tous les avantages d'un moment de popularité.
Nous avons été poursuivis par des journalistes et des
photographes de tous les pays du monde : ils ont été
jusqu'à reproduire la conversation de ma fille avec sa
bonne et à décrire le chat blanc et noir qui est chez
nous, puis nous avons eu des demandes d'argent en
grand nombre, enfin des collectionneurs d'autogra-
phes, des snobs, des gens du monde et même quelquefois des gens de science, sont venus nous voir dans le
magnifique local de la rue Lhomond que vous connais-
sez. Avec tout cela plus un instant de tranquillité au
laboratoire et une volumineuse correspondance à
expédier tous les soirs. A ce régime, je sens l'abrutis-
sement m'envahir. Tout ce bruit n'aura peut-être
pas été inutile cependant pour me faire avoir une
chaire et un laboratoire. A vrai dire, il faut créer
une chaire, et je n'aurai pas tout d'abord le laboratoire ; j'aurais préféré l'inverse, mais Liard veut profiter du mouvement présent pour faire créer la chaire
nouvelle qui sera ensuite acquise pour l'université.
Ils créent une chaire sans programme, ce sera quelque
chose comme un cours au Collège de France, et je crois
que je serai obligé de changer de sujet chaque année ce
qui me donnera beaucoup de mal.

31 JANVIER 1905.

J'ai dû renoncer à aller en Suède. Nous sommes, comme vous voyez, tout ce qu'il y a de moins en règle avec l'Académie suédoise. A la vérité, je n'arrive à me maintenir en état qu'en évitant toute fatigue physique. Ma femme est dans le même cas que moi, et il ne faut plus songer aux grandes journées de travail d'autrefois.

Comme travail, je ne fais rien pour le moment ; avec mon cours, les élèves, les appareils à installer et la procession interminable de gens qui viennent me déranger sans raison sérieuse, la vie se passe sans que j'aboutisse à rien de bien utile.

24 JUILLET 1905.

Mon cher ami,

Nous avons bien regretté d'avoir été privés cette année de votre visite et nous espérons vous voir en octobre. Si l'on ne réagit pas de temps en temps, on finit par perdre de vue ses amis les meilleurs et les plus sympathiques et on fréquente d'autres personnes uniquement parce que l'on a facilement l'occasion de les rencontrer.

Nous menons toujours la même vie de gens très occupés pour ne rien faire d'intéressant. Voilà plus d'un an que je n'ai fait aucun travail, et je n'ai pas un moment à moi. Evidemment, je n'ai pas encore trouvé le moyen de nous défendre contre l'émiettement de notre temps, et c'est cependant bien nécessaire. C'est une question de vie ou de mort au point de vue intellectuel.

Au total, malgré ces complications extérieures, notre vie, par un effort de volonté commune, resta aussi simple et aussi retirée que précédemment. Vers la fin de 1904, notre famille s'accrut par la naissance d'une deuxième fille, Eve-Denise, dans la modeste maison du boulevard Kellermann; où nous vivions, toujours avec le docteur Curie, ne voyant que des amis peu nombreux.

Notre fille aînée, en grandissant, commençait à devenir une petite compagne pour son père. qui s'intéressait beaucoup à son éducation et se promenait volontiers avec elle à ses moments de liberté, surtout aux jours de vacances. Il entretenait avec elle des conversations graves, répondait à toutes ses questions et jouissait du développement progressif de son jeune esprit.

Avec le grand succès de Pierre Curie à l'étranger, son appréciation complète en France, quoique tardive, était enfin venue. Il était à quarante-cinq ans au premier rang des savants de son pays, et pourtant il occupait dans l'enseignement une situation inférieure. Cet état de choses anormal émut l'opinion publique en sa faveur ; sous l'influence de ce courant d'opinion, le recteur de l'Académie de Paris, Liard, demanda au Parlement la création d'une chaire de professeur à la Sorbonne. A l'entrée de l'année scolaire 1904-1905, Pierre Curie était nommé professeur titulaire à la Faculté des sciences de Paris; un an plus tard il quittait définitivement l'Ecole de physique où son suppléant Paul Langevin prenait sa succession.

Cette nouvelle création n'a pas été sans soulever quelques difficultés ; le projet primitif prévoyait une chaire nouvelle, mais point de laboratoire. Pierre Curie ne croyait pas pouvoir accepter une situation dans laquelle il risquait de perdre les moyens de travail déjà si médiocres dont il disposait, au lieu d'en acquérir de·nouveaux ; il écrivit donc à ses chefs qu'il était décidé à rester au P. C. N. Sa fermeté obtint gain de cause; la création de la chaire nouvelle fut complétée par l'attribution d'un crédit de laboratoire et d'un personnel pour le nouveau service (un chef de travaux, un préparateur, un garçon de laboratoire). La situation de chef de travaux m'était offerte, ce qui était aussi une grande satisfaction pour Pierre Curie.

Ce n'était point sans regret que nous quittions l'Ecole de physique où nous avions connu des journées de travail si heureuses, quoique dans des conditions difficiles. Notre hangar nous était particulièrement cher ; ce bâtiment subsista encore pendant quelques années dans un état d'abandon croissant,.et il nous arrivait de lui rendre visite. Plus tard, il a fallu le détruire pour faire place au nouveau bâtiment de l'Ecole de physique, mais des photographies en ont été conservées. Prévenue par le fidèle Petit, j'y fis,.seule, hélas ! un dernier pèlerinage: au tableau noir était encore restée l'écriture de celui qui avait été l'âme de ce lieu; l'humble asile de son travail était tout imprégné de son souvenir. La cruelle réalité semblait un mauvais rêve; on espérait presque voir paraître la haute silhouette et entendre résonner la voix familière

Bien qu'ayant voté la création d'une nouvelle chaire, le parlement n'alla pas jusqu'à envisager la fondation simultanée d'un laboratoire, lequel était cependant nécessaire pour le développement de la nouvelle science de radioactivité. Pierre Curie conserva donc le petit local du P. C. N. et obtint comme solution provisoire la disposition d'une grande pièce détachée des services du P. C. N. et la construction, dans la cour, d'un petit bâtiment composé de deux pièces et d'un atelier.

On ne peut s'empêcher d'éprouver quelque amertume à la pensée que cette concession a été la dernière, et qu'en définitive un des premiers savants français n'eut jamais à sa disposition un laboratoire convenable, alors que cependant son génie s'était révélé dés l'âge de vingt ans. Sans doute, s'il eût vécu plus longtemps, il eût bénéficié tôt ou tard de conditions de travail satisfaisantes, mais lors de son décès prématuré, à quarante-huit ans, il en était encore dépourvu. Imagine-t-on le regret de l'ouvrier enthousiaste et désintéressé d'une grande œuvre, retardé dans la réalisation de son rêve par le manque constant de moyens ? Et pouvons-nous songer sans un sentiment de peine profonde au gaspillage, irréparable entre tous, du plus grand bien de la nation : le génie, les forces et le courage de ses meilleurs enfants.

Le besoin extrême d'un bon laboratoire était toujours présent à la pensée de Pierre Curie ; quand, en raison de sa grande notoriété, ses chefs se crurent obligés d'insister auprès de lui, en 1903, pour qu'il acceptât la décoration de la Légion d'Honneur, il déclina cette distinction afin de rester fidèle à ses opinions déjà signalées dans un chapitre précédent, et la lettre qu'il écrivit à ce sujet s'inspire du même sentiment que celle citée plus haut, écrite à son directeur pour refuser les palmes académiques ; j'en extrais ces termes :

« Veuillez, je vous prie, remercier le Ministre et

l'informer que je n'éprouve pas du tout le besoin d'être décoré, mais que j'ai le plus grand besoin d'avoir un laboratoire ».

Nommé professeur à la Sorbonne, Pierre Curie eut à préparer un enseignement nouveau. La chaire venait d'être créée avec un caractère personnel et avec une désignation très générale, d'où pour lui une grande liberté dans le choix des matières enseigner. Il en profita pour revenir à un sujet qui lui était cher, et consacra une partie de ses leçons aux lois de symétrie, à l'étude des champs de vecteurs et de tenseurs, et à l'application de ces notions à la physique cristalline. Il avait l'intention de compléter ces leçons, et d'en faire un cours complet de physique des milieux cristallisés, ce qui eût été d'autant plus utile qu'il s'agissait de questions très peu connues en France. Ses autres leçons ont eu pour objet la radioactivité et mettaient en évidence les découvertes faites dans ce nouveau domaine, et la révolution apportée dans la science par ces découvertes.

Très préoccupé de la préparation de son cours et souvent souffrant, Pierre Curie continuait cependant à travailler au laboratoire, dont l'organisation se faisait progressivement. Ayant un peu plus de place, il put recevoir quelques élèves. En collaboration avec A. Laborde, il fit un travail sur la radioactivité des eaux minérales et des gaz dégagés dans les sources; ce fut le dernier travail qu'il a publié.

Ses facultés intellectuelles étaient alors en plein développement ; on pouvait admirer la sûreté et la rigueur de ses raisonnements sur les théories de la physique, sa compréhension claire des principes

fondamentaux et un certain sens profond des phénomènes qu'il avait d'instinct, mais qu'il avait formé
et perfectionné au cours de toute une vie consacrée
à la recherche et à la réflexion. Son habileté expérimentale, remarquable dès ses débuts, s'était
augmentée par la pratique. Il éprouvait un plaisir
d'artiste à réaliser un montage délicat. Il se plaisait
aussi à imaginer et à construire des appareils nouveaux, et il m'arrivait de lui dire en plaisantant qu'il
n'aurait pu être heureux sans faire au moins un
essai de ce genre tous les six mois. Sa curiosité
naturelle et la vivacité de son imagination le poussaient à s'engager dans des directions très variées ; il
pouvait changer d'objet de recherche avec une
souplesse surprenante.

Il était extrêmement soucieux de probité scientifique et d'une entière correction dans ses publications. Celles-ci, très parfaites dans leur forme, ne
l'étaient pas moins en ce qui concerne l'esprit critique
appliqué à soi-même, et la volonté de ne rien affirmer
qui ne parût entièrement clair. Voici, à ce point de
vue, une expression de sa pensée :

« Dans l'étude de phénomènes inconnus, on peut
faire des hypothèses très générales et avancer pas
à pas avec le concours de l'expérience. Cette marche
méthodique et sûre est nécessairement lente. On
peut, au contraire, faire des hypothèses hardies, où
l'on précise le mécanisme des phénomènes ; cette
manière de procéder a l'avantage de suggérer certaines
expériences, et surtout de faciliter le raisonnement
en le rendant moins abstrait par l'emploi d'une
image. En revanche, on ne peut espérer imaginer

7

ainsi une théorie complexe en accord avec l'expérience. Les hypothèses précises renferment presque à coup sûr une part d'erreur à côté d'une part de vérité. Cette dernière part, si elle existe, fait seulement partie d'une proposition plus générale à laquelle il faudra revenir un jour ».

Aussi, bien qu'il n'hésitât point à faire des hypothèses, il n'en admettait pas la publication anticipée. Il ne pouvait s'accommoder d'un régime de travail accompagné de publications hâtives, et se sentait plus heureux dans un domaine où peu de chercheurs travaillent avec tranquillité. La vogue considérable de la radioactivité le faisait souhaiter d'abandonner pour quelque temps ce champ de recherches et de reprendre ses études de physique cristalline interrompues ; il songeait aussi à l'examen de diverses questions théoriques.

Son enseignement, sans cesse perfectionné, le préoccupait beaucoup et lui suggérait des réflexions sur l'orientation générale des études et sur les méthodes d'enseignement qu'il voulait basées sur le contact avec l'expérience et la nature. Il songeait à faire adopter ses vues par l'Association des professeurs de Facultés, dès la création de celle-ci, et à obtenir la déclaration : « que l'enseignement des sciences doit être l'enseignement dominant des lycées de garçons et de jeunes filles. » Mais, disait-il, « une telle motion n'aura guère de succès ».

Cette dernière période si féconde de sa vie devait, hélas, avoir une fin prochaine. Son admirable carrière scientifique a été brusquement brisée au moment même où il pouvait espérer que les années de travail à venir seraient moins dures que celles qui les avaient précédées.

En 1906, assez souffrant et fatigué, il vint passer les journées de Pâques dans la vallée de Chevreuse avec moi et avec nos enfants. Ce furent deux douces journées, où le soleil se montra clément, et où la fatigue de Pierre Curie lui fut moins lourde, dans un repos bienfaisant auprès des êtres qui lui étaient chers ; il s'amusait dans la prairie avec ses petites filles et s'entretenait avec moi de leur présent et de leur avenir.

Il retourna à Paris, pour une réunion et un dîner de la Société de physique. Assis à côté de Henri Poincaré, il eut avec lui un long entretien sur les méthodes d'enseignement. Tandis que nous retournions à pied à la maison, il continua à développer ses idées sur ce que pourrait être la culture qu'il imaginait, heureux de sentir que son sentiment était partagé par moi.

Le lendemain, le 19 avril 1906, il assistait à la réunion de l'Association des professeurs des Facultés des sciences, avec lesquels il s'entretenait très cordialement des buts que pouvait se proposer l'association. En sortant de cette réunion, à la traversée de la rue Dauphine, il ne put éviter un camion qui venait du Pont Neuf, et tomba sous les roues. La contusion à la tête fut instantanément mortelle, et ainsi fut détruite l'espérance que l'on pouvait fonder sur l'être merveilleux qui venait de disparaître. Dans le cabinet de travail où il ne devait plus revenir, les renoncules d'eau, qu'il avait rapportées de la campagne, étaient toutes fraîches encore.

CHAPITRE VII

LE DEUIL DE LA NATION. — LES LABORA-TOIRES: « DEMEURES SACRÉES ».

Je ne tenterai pas de décrire la douleur de la famille que laissait Pierre Curie. On a pu comprendre par ce récit ce qu'il avait été pour son père, son frère et sa femme. Il a été aussi un père dévoué, aimant tendrement ses enfants et heureux de s'en occuper, mais nos filles étaient encore trop jeunes à cette époque pour réaliser le malheur qui s'abattit sur nous. Leur grand-père et moi, toujours unis dans notre détresse commune, avons fait tout ce que nous avons pu pour que leur enfance ne fût pas trop assombrie par le désastre.

La nouvelle de la catastrophe détermina une véritable consternation dans le monde scientifique, en France et même à l'étranger. Les chefs de l'Université et les professeurs exprimèrent leur émotion dans des lettres pleines de sympathie ; des savants étrangers en grand nombre envoyèrent aussi des lettres et des dépêches. Non moins vive était l'impression produite dans le public où Pierre Curie, malgré sa réserve, avait une grande renommée. Cette émotion se traduisit par de nombreuses lettres privées venant non seulement de ceux avec qui nous étions en relations, mais aussi de personnes totalement inconnues ; en même temps, la presse publiait des articles de regret, empreints d'une grande sincérité. Le gouvernement français exprima ses condoléances ; quelques chefs d'Etats étrangers envoyèrent leurs condoléances personnelles. Une des plus pures gloires de la France venait de s'éteindre, et chacun comprit que c'était là un deuil national[1].

Fidèles à la mémoire de celui qui nous avait quittés, nous voulûmes pour lui un enterrement simple dans la tombe familiale au petit cimetière

[1] Parmi le grand nombre de lettres et de dépêches de condoléances, je cite, à titre d'exemple, ces lignes tracées par trois grands savants aujourd'hui disparus.

M. BERTHÉLOT.
Madame,
Je ne veux pas laisser passer plus longtemps sans vous envoyer le témoignage sympathique de ma profonde douleur et de celle des savants français et étrangers à l'occasion de la perte commune avec vous que nous venons d'éprouver tous. Nous avons été frappés comme d'un coup de foudre par la terrible nouvelle ! Tant de services déjà rendus à la science et à l'humanité, tant de services que nous attendions de cet inventeur génial. Tout cela évanoui en un instant ou passé déjà à l'état de souvenir !...

G. LIPPMANN.
C'est en voyage et bien tard que m'arrive la terrible nouvelle. Il me semble avoir perdu un frère ; je ne savais pas encore par quels liens étroits j'étais attaché à votre mari, je le sais aujourd'hui.
Je souffre aussi pour vous, Madame.
Veuillez croire à mon dévouement sincère et respectueux.

Grievously distressed by terrible news of Curie death, when will be funeral. We arrive hotel Mirabeau to morrow morning.
KELVIN. Villa Saint-Martin, Cannes.

de Sceaux. Il n'y a eu ni cérémonie officielle, ni discours ; et seuls ses amis l'accompagnèrent à sa dernière demeure. Et pensant à celui qui n'était plus, son frère Jacques me disait : « Il avait toutes les qualités, il n'y en avait pas deux commé lui. »

Afin d'assurer la continuité de son œuvre, la Faculté des Sciences de Paris me fit le très grand honneur de m'offrir de le remplacer dans la chaire qu'il occupait. J'acceptai ce lourd héritage, avec l'espoir de faire édifier un jour, en son souvenir, le laboratoire digne de lui qu'il n'a jamais eu, mais qui profiterait à d'autres pour développer sa pensée. Cet espoir est maintenant en partie réalisé, grâce à l'initiative commune de l'Université et de l'Institut Pasteur, qui a abouti à la création d'un Institut du radium, composé des deux laboratoires, Curie et Pasteur, destinés à l'étude physico-chimique et à l'étude biologique des rayons du radium. Par un touchant hommage au disparu, le nom de Pierre Curie a été donné à la rue nouvelle par laquelle on atteint l'Institut.

Cet Institut est cependant reconnu insuffisant, en raison du développement considérable de la radioactivité et de ses applications thérapeutiques. C'est maintenant une nécessité reconnue par les personnes les plus autorisées que la France doit posséder un Institut du Radium comparable à ceux qui ont été fondés en Angleterre et en Amérique pour appliquer la curiethérapie, qui est devenue un moyen efficace de lutte contre le cancer. Il est à espérer que, grâce à des concours généreux et clairvoyants, nous aurons sous peu d'années un Institut du Radium complet et agrandi, digne de notre pays[1].

Pour honorer la mémoire de Pierre Curie, la Société française de physique décida la publication complète de son œuvre. Cette publication, faite par les soins de P. Langevin, se compose d'un seul volume d'environ 600 pages, qui parut en 1908, et pour lequel j'ai fait une préface. Le volume unique, qui renferme une œuvre aussi considérable que variée, est une image fidèle de la mentalité de l'auteur. On y trouve une grande richesse d'idées et de faits expérimentaux conduisant à des résultats clairs et bien établis, mais l'exposé est limité au strict nécessaire, sous une forme irréprochable et pour ainsi dire classique. On peut regretter que Pierre Curie n'ait pas utilisé ses qualités de savant et d'écrivain pour la rédaction de mémoires étendus ou de livres. Ce n'est pas le désir de le faire qui lui manquait ; il avait plusieurs projets de ce genre qui lui étaient chers. Il ne put jamais les mettre à exécution, en raison des difficultés avec lesquelles il a eu à lutter pendant toute sa vie de travail.

Et maintenant, jetons un regard sur l'ensemble de ce récit, où j'ai tenté d'évoquer l'image d'un homme

[1] Un grand progrès a déjà été réalisé dans cette voie par la création d'une section de thérapeutique, sous la direction du Dr Regaud. De plus, un organisme spécial, la Fondation Curie, a été constitué en 1921, pour réunir les ressources nécessaires au développement de l'Institut du Radium. La première donation importante à la Fondation Curie est due à la générosité du Dr Henri de Rothschild.

qui, attaché inflexiblement au service de son idéal,
a honoré l'humanité par une existence de travail
vécue dans le silence, dans la simple grandeur de son
génie et de son caractère. Il avait la foi de ceux qui
ouvrent des voies nouvelles ; il savait qu'il avait une
haute mission à remplir, et le rêve mystique de sa
jeunesse le poussait invinciblement, en dehors du
chemin usuel de la vie, dans une voie qu'il nommait
antinaturelle, car elle signifiait le renoncement à la
douceur de l'existence. Pourtant, résolument, il
subordonna à ce rêve ses pensées et ses désirs ; il s'y
adapta et s'y identifia de manière de plus en plus
complète. Ne croyant qu'à la puissance pacifique
de la science et de la raison, il vécut pour la recherche de la vérité. Sans préjugé et sans parti pris, il
apporta la même loyauté dans l'étude des choses
que dans la compréhension des autres hommes et
de lui-même. Détaché de toute passion commune,
ne cherchant ni la suprématie, ni les honneurs, il
n'avait point d'ennemis, bien que l'effort accompli
sur lui-même en ait fait un de ces êtres d'élite, que
l'on trouve à toutes les époques de la civilisation en
avance sur leur temps. Et ainsi que ceux-là, il
pouvait exercer une influence profonde, par le seul
rayonnement de sa puissance intérieure.

Il est utile de comprendre combien une pareille
existence représente de sacrifice. La vie du grand
savant dans son laboratoire n'est pas comme beaucoup peuvent le croire une idylle paisible ; elle est
plus souvent une lutte opiniâtre livrée aux choses, à
l'entourage et surtout à soi-même. Une grande découverte ne jaillit pas du cerveau du savant tout achevée,

comme Minerve surgit tout équipée de la tête de Jupiter ; elle est le fruit d'un labeur préliminaire accumulé. Entre des journées de production féconde viennent s'intercaler des journées d'incertitude où rien ne semble réussir, où la matière elle-même semble hostile, et c'est alors qu'il faut résister au découragement. Et sans jamais se départir de sa patience inlassable, Pierre Curie me disait parfois : « Elle est pourtant dure, la vie que nous avons choisie ».

Pour le don admirable de soi-même, et pour les services magnifiques rendus à l'humanité, quelle est la compensation que notre société offre aux savants ? Ces serviteurs de l'idée disposent-ils des moyens de travail qui leur sont nécessaires ? Ont-ils une existence assurée à l'abri du besoin ? L'exemple de Pierre Curie et de tant d'autres montre qu'il n'en est rien, et que pour conquérir des moyens de travail acceptables, il faut, le plus souvent, avoir épuisé d'abord sa jeunesse et ses forces dans des soucis quotidiens.

Notre société, où règne un désir âpre de luxe et de richesse, ne comprend pas la valeur de la science. Elle ne réalise pas que celle-ci fait partie de son patrimoine moral le plus précieux, elle ne se rend pas non plus suffisamment compte que la science est à la base de tous les progrès qui allègent la vie humaine et en diminuent la souffrance. Ni les pouvoirs publics, ni la générosité privée n'accordent actuellement à la science et aux savants l'appui et les subsides indispensables pour un travail pleinement efficace.

J'invoque pour terminer l'admirable plaidoirie de Pasteur : « Si les conquêtes utiles à l'humanité touchent votre cœur, si vous restez confondus

devant les effets surprenants de la télégraphie électrique, du daguerrotype, de l'anesthésie et de tant
d'autres découvertes admirables ; si vous êtes jaloux
de la part que votre pays peut revendiquer dans
l'épanouissement de ces merveilles, — prenez intérêt,
je vous en conjure, à ces demeures sacrées que l'on
désigne du nom expressif de *laboratoires.* Demandez
qu'on les multiplie et qu'on les orne ; ce sont les
temples de l'avenir, de la richesse et du bien-être.
C'est là que l'humanité grandit, se fortifie et devient
meilleure. Elle y apprend à lire dans les œuvres de
la nature, œuvres de progrès et d'harmonie universelle, tandis que ses œuvres à elle sont trop
souvent celles de la barbarie, du fanatisme et de la
destruction. »

Puisse cette vérité être largement répandue et
pénétrer profondément dans l'opinion publique, afin
que l'avenir soit moins dur aux pionniers qui vien-
dront défricher des domaines nouveaux pour le bien
général de l'humanité.

OPINIONS SUR PIERRE CURIE [1]

HENRI POINCARÉ (Comptes rendus de l'Académie des
Sciences, décembre 1906).

Curie était un de ceux sur qui la Science et la France
croyaient avoir le droit de compter. Son âge permettait les longs espoirs ; ce qu'il avait déjà donné semblait une promesse, et l'on savait que, vivant, il n'y
faillirait pas. Le soir qui précéda sa mort (pardonnez-
moi ce souvenir personnel), j'étais assis à côté de lui ;
il me parlait de ses projets, de ses idées ; j'admirais
cette fécondité et cette profondeur de pensée, l'aspect
nouveau que prenaient les phénomènes physiques vus
à travers cet esprit original et lucide; je croyais mieux
comprendre la grandeur de l'intelligence humaine, et,
le lendemain, tout était anéanti en un instant ; un hasard stupide venait nous rappeler brutalement combien
la pensée tient peu de place en face des mille forces
aveugles qui se heurtent à travers le monde sans savoir
où elles vont et en broyant tout sur leur passage.

Ses amis, ses confrères comprirent tout de suite la
portée de la perte qu'ils venaient de faire ; mais le
deuil s'étendit bien au delà ; à l'étranger, les plus
illustres savants s'y associèrent et tinrent à mani-
fester l'estime où ils tenaient notre compatriote, pendant que, dans notre pays, il n'était pas un Français, si ignorant qu'il fût, qui ne sentît plus ou moins

[1] Dans quelques publications, parues comme hommage à
la mémoire de Pierre Curie, j'ai choisi ces extraits, pour
compléter mon récit par des témoignages émanant de person-
nalités du monde scientifique.

confusément quelle force la patrie et l'humanité venaient de perdre.

Curie apportait, dans l'étude des phénomènes physiques, je ne sais quel sens très fin qui, lui faisant deviner les analogies insoupçonnées, lui permettait de s'orienter à travers un dédale de complexes apparences où d'autres se seraient égarés.... Les vrais physiciens, comme Curie, ne regardent ni en dedans d'eux-mêmes, ni à la surface des choses, ils savent voir sous les choses.

Tous ceux qui l'ont connu savent quel était l'agrément et la sûreté de son commerce, quel charme délicat s'exhalait, pour ainsi dire, de sa douce modestie, de sa naïve droiture, de la finesse de son esprit. Toujours prêt à s'effacer devant ses amis ou même devant ses rivaux, il était ce qu'on appelle un « détestable candidat » ; mais, dans notre démocratie, les candidats, c'est ce qui manque le moins.

Qui aurait cru que tant de douceur cachât une âme intransigeante ? Il ne transigeait pas avec les principes généreux dont on l'avait nourri, avec l'idéal moral particulier qu'on lui avait appris à aimer, cet idéal de sincérité absolue, trop haut, peut-être, pour le monde où nous vivons. Il ne connaissait pas ces mille petits accommodements dont se contente notre faiblesse. Il ne séparait pas, d'ailleurs, le culte de cet idéal de celui qu'il rendait à la science, et il nous a montré par un éclatant exemple quelle haute conception du devoir peut sortir du simple et pur amour de la vérité. Peu importe à quel dieu l'on croit ; c'est la foi, ce n'est pas le dieu qui fait les miracles.

INSTITUT DE FRANCE. Notice sur P. Curie par N.-D. Gernez.

Tout pour le travail, tout pour la science : voilà le

résumé de la vie de Pierre Curie, vie si riche en découvertes brillantes et en vues géniales qu'elle lui a valu bientôt une admiration universelle. Dans la pleine maturité des recherches dont il poursuivait avec ardeur le développement, un épouvantable malheur est venu, à la consternation générale, les interrompre le 19 avril 1906.

Toutes ces distinctions ne l'ont pas ébloui, il était et il restera une figure remarquable entre toutes dans l'histoire scientifique de notre époque; ses contemporains trouvent en lui le précieux exemple d'un dévouement à la science·à la fois opiniâtre et désintéressé. Il est peu de vies plus pures et plus justement célèbres.

JEAN PERRIN (*La Revue du Mois*, mai 1906).

Pierre Curie, que tous appelaient un maître, et que nous avions la joie d'appeler aussi notre ami, vient de mourir brusquement, en pleine force.

...Nous essayerons de montrer par son exemple quelle part peut revenir en un génie puissant, à la sincérité, à la liberté, à la forte et tranquille audace d'une pensée que rien n'enchaîne et que rien ne peut étonner. Et nous dirons aussi toute la grandeur de l'âme où ces belles qualités d'intelligence et de caractère s'unissaient au désintéressement le plus noble et à la plus exquise bonté.

Ceux qui ont connu Pierre Curie savent qu'auprès de lui on sentait s'éveiller le besoin d'agir et de comprendre. Nous tâcherons d'honorer sa mémoire en répandant cette impression et nous demanderons à sa pâle et belle figure le secret du rayonnement qui rendait meilleurs ceux qui l'approchaient.

C. CHÉNEVEAU. (*Ass. Am. des anc. Elèves de l'Ecole de Physique et de Chimie,* avril 1906).

Il faut se souvenir de l'attachement que Curie avait pour ses élèves, pour comprendre la perte irréparable que nous avons faite.

Quelques-uns d'entre nous lui avaient voué, avec raison, un véritable culte. Pour moi, il était, après les miens, l'un des hommes que j'aimais le mieux, tant il avait su entourer son modeste collaborateur d'une grande et délicate affection. Et sa bonté immense s'étendait jusque sur ses plus humbles serviteurs dont il était adoré : je n'ai jamais vu de pleurs plus sincères, ni plus déchirants, que ceux qui furent versés par ses garçons de laboratoire à l'annonce de sa brusque disparition.

PAUL LANGEVIN. (*La Revue du Mois,* juillet 1906).

L'heure où l'on savait pouvoir le rencontrer et où il aimait à causer de sa science, le chemin qu'on faisait d'ordinaire avec lui, viennent chaque jour rappeler son souvenir, évoquer sa physionomie bienveillante et pensive, ses yeux lumineux, sa belle tête expressive modelée par vingt-cinq années passées au laboratoire, par une existence de travail opiniâtre, d'entière simplicité.

C'est dans son laboratoire que mes souvenirs, encore si récents, viennent plus volontiers me le représenter à peine changé, comme il advient pour ceux près desquels on vieillit, par les dix-huit années écoulées depuis que débutant timide et souvent maladroit, je commençai près de lui mon éducation expérimentale.

Entouré d'appareils pour la plupart imaginés ou modifiés par lui, il les maniait avec une adresse extrême dans des gestes familiers de ses longues mains blanches de physicien.

Il avait vingt-neuf ans lorsque j'entrai moi même comme élève ; la maîtrise que lui avaient données dix années entièrement passées au laboratoire s'imposait même à nous malgré notre ignorance, à travers la sûreté de ses gestes et de ses explications, à travers l'aisance nuancée de timidité de son attitude. On retournait avec joie dans ce laboratoire, où il faisait bon travailler près de lui parce que nous le sentions travailler près de nous, dans la grande pièce claire emplie d'appareils aux formes encore un peu mystérieuses où nous ne craignions pas d'entrer souvent pour le consulter, où il nous admettait aussi quelquefois pour une manipulation particulièrement délicate. Les meilleurs souvenirs peut-être de mes années d'Ecole sont ceux des moments passés là, debout devant le tableau noir où il prenait plaisir à causer avec nous, à éveiller en nous quelques idées fécondes, à parler de travaux qui formaient notre goût des choses de la science. Sa curiosité vivante et communicative, l'ampleur et la sûreté de son information faisaient de lui un admirable éveilleur d'esprits.

J'ai surtout voulu, en rassemblant ici ces quelques souvenirs, en un bouquet pieusement déposé sur sa tombe, contribuer, si je le puis, à fixer l'image d'un homme vraiment grand par le caractère et par la pensée, d'un admirable représentant du génie de notre race.

Entièrement affranchi d'antiques servitudes, amoureux passionné de raison et de clarté, il a donné l'exemple, en prophète inspiré des vérités futures, de ce que peut réaliser en beauté morale et en bonté, dans un esprit libre et droit, le courage constant, la propreté mentale, de toujours repousser ce qu'il ne comprend pas et de mettre sa vie d'accord avec ce qu'il

TABLE DES MATIÈRES

Pages

SOCIÉTÉ D'IMPRIMERIE D'AMBILLY-ANNEMASSE (HAUTE-SAVOIE).

CHOIX DE LIVRES

TABLE DES MATIÈRES

Histoire de l'évolution singulière et dramatique
d'un pays. L'auteur s'est attaché successivement
à tous ses aspects : religieux, intellectuel, économique,
politique, social. Œuvre vaste et consciencieuse du
plus haut intérêt.   *Le Rappel.*

« Cette longue série d'agressions européennes ayant
son couronnement dans les récents traités de paix, qui
ont pratiquement soumis le monde musulman entier à
la domination européenne, a peu à peu fait entrer dans
le cœur des musulmans un sentiment de rage déses-
pérée qui peut avoir des conséquences désastreuses.
Il est certain que les ferments nécessaires pour une
guerre sainte s'accumulent depuis longtemps. » Tel
est l'avertissement que nous donne en un livre remarquable à plus d'un titre l'écrivain américain Lothrop
Stoddard.   *Le Radical de Marseille.*

Cet ouvrage clairvoyant : *Le Nouveau Monde de
l'Islam* doit être dans la bibliothèque de quiconque
désire se faire une idée de ce que sera le monde
vers 1950.   Lord Northcliffe.

On trouve présenté là, sous une forme compacte et
lisible, ce qui n'existait encore en aucune langue : un
tableau concis et rapide du monde musulman moderne
et de la manière dont il réagit devant l'invasion occi-
dentale.   *Atlantic Monthly.*

Ce livre est dans l'ensemble remarquablement
révélateur et digne de foi ; beaucoup des faits qui y
sont relatés pourront quand même surprendre les
lecteurs qui n'ont pas suivi de près le cours des
événements en Orient. *American Historical Review.*

TABLE DES MATIÈRES

VOLUME I

VOLUME II

qu'il est le "Roi des Perles"; qu'il nous permette d'ajouter un fleuron à sa couronne, et décernons-lui le titre d'"Animateur des Pierres".

LA REVUE MONDIALE.

Un livre intéressant, attachant, très documenté, et d'une lecture aussi agréable que substantielle...

Camille MAUCLAIR
LA DÉPÊCHE DE TOULOUSE.

La renaissance de la mode des pierres de couleur a coïncidé avec l'apparition du beau livre que leur a consacré l'homme qui les connaît le mieux, M. Léonard Rosenthal. Ce prodigieux succès du livre n'est pas étranger à un goût élégant qui fut cher, au cours des siècles, à toutes les jolies femmes. Qu'on lise et qu'on relise Au Jardin des Gemmes. C'est une œuvre documentaire, passionnante comme un roman magnifique, que doivent avoir chez elles toutes celles qui aiment les pierres précieuses.

LE GAULOIS.

Un spécialiste de la matière nous parle des pierres précieuses. Il le fait avec goût, avec compétence, avec une érudition très précise et très abondante. Très documenté, très varié et très complet, ce livre, agréable à lire, apporte une bonne contribution à l'histoire des pierres précieuses.

LA PATRIE.

Au Jardin des Gemmes est un ouvrage passionnant qui vous transporte dans les pays merveilleux où l'on trouve rubis, saphirs et émeraudes à foison. Vous coudoyez, en le lisant, tous les gens qui possèdent des bijoux célèbres; vous découvrez mille choses curieuses.

LE CRI DE PARIS.

M. Léonard Rosenthal est le poète des gemmes rares et chers, et ses livres quoique écrits au point de vue purement scientifique et économique, sont plus passionnants que les "Mille et une Nuits".

E. GOMEZ-CARRILLO.

Du même Auteur :

AU ROYAUME DE LA PERLE

Un volume in-16 . . . . 7 fr. 50